萧红

深情至此，懂我如你

夏丹 著

时事出版社

序

愿有人陪我颠沛流离

萧红，一个来自冰城的女子，被鲁迅称为20世纪30年代的“文学洛神”。她的很多经典作品，影响了数代人。她的文字充满灵性，美不胜收，凄婉多姿。而这背后，却是一个孤独女子命运悲凉、不得安稳的倾诉，读后不免悲从心来。

萧红是一代“文学洛神”，也是一位拒绝平庸的女性。一生都在追求爱与自由，但心里永远有一片成全不了的碧海蓝天。她是红尘中的孤独女子，没有甜蜜的爱情，更没有幸福的婚姻，到处流浪，四处漂泊，甚至露宿街头，她的生命里充满了寒冷、饥饿和病痛。她的短暂一生，是流离的一生，总被抛弃的一生。她一生漂泊，命运多舛，情路坎坷，英年早逝，她的一生承载了太多的辛酸和苦难。有人说，她的一生便是为了苦难、孤寂而来，也正是苦难和孤寂成就了她的灵魂。

童年时母亲早逝，父亲冷漠，只有祖父对她还好，祖母则是时常用针扎她的手。童年的萧红只有在后花园里才能找寻到另一个世界。后花园不仅是她的乐园，更是她后来创作的源泉，她创作了《呼兰河传》，以及中篇小说《后花园》。在《呼兰河传》里，她写道：“呼兰河这小城里面，以前住着我的祖父，现在埋着我的祖父。”可见，萧红对祖父的感情非同一般。

萧红不仅是童年充满着寂寞荒凉的回忆，成年后在追求情感的路上也屡屡受挫。她一生中出现过五个男人，三次婚姻，两次失子。一个孩子在襁褓中送人，另一个在她生产后夭折。

在战火烽烟中的颠沛流离，两度在极其恶劣的环境中生产，害得她产后身体虚弱，最后得了肺病，只活到31岁就与世长辞了。饥饿、贫穷、病痛，这些对于大多数人来说只是生活的变奏，而对于萧红，却更像是人生的主旋律。正因为此，“自由和舒适，平静和安闲，经济一点也不压迫”才显得弥足珍贵。

萧红曾说，“我一生最大的痛苦和不幸，都是因为我是一个女人。”因为是女人，所以不幸，想必也是不怎么对的吧。

作为一个弱女子，她不屈服于命运的安排，一生追求爱与温暖，即使柔弱也要抗争。萧红在信中写道：“我不能选择怎么生、怎么死，但我能决定怎么爱、怎么活。这是我要的自由，我的黄金时代。”其传记电影《黄金时代》以此为名。

“我将与蓝天碧水永处，留得那半部红楼给别人写了。半生遭尽冷眼……身先死，不甘，不甘。”1942年1月22日，31岁的萧红在香港受尽病痛折磨，临终时，手书此一句，成为绝笔。

稍纵即逝如昙花般绽放的人生和才情，成为后来者们唏嘘感叹的描摩对象，后期出现了大量感性记录萧红的作品。在她的传世之作中，我们能看到悲伤、愁苦的人们，在贫瘠生活下的挣扎与热切，以及她对美好家乡的无限眷恋悲悯之情。这些真挚的感情，依然在一代又一代中循环上演，也就依然有着作为文学作品的顽强生命力。

本书笔者凭借一支敏感细笔，描摹萧红一生的宏阔，记述了其复杂的情感和飘泊的人生。人的一生不管怎样长途跋涉，或许都有个萧红笔下的“后花园”，那里有故乡、亲人、往事……有让一个人走下去的勇气和力量。

目 录

contents

第 一 章 童年，寂寞又欢愉 | 001

第 二 章 求学保卫战 | 008

第 三 章 出走，妥协 | 015

第 四 章 良缘难成 | 020

第 五 章 青杏的滋味 | 024

第 六 章 初识三郎 | 029

第 七 章 爱已倾城 | 034

第 八 章 一样秋花经苦雨 | 039

第 九 章 一嘴泥，一嘴草 | 044

第 十 章 黑暗现实中的两颗明星 | 052

第十一章 美丽的山岛 | 061

第十二章 十里洋场春化雨 | 067

第十三章 姑娘的春天 | 075

第十四章 情断、梦碎 | 084

第十五章 潇潇冷雨异国行 | 091
第十六章 痛失 L. 先生 | 099
第十七章 白月的当儿 | 105
第十八章 偏偏不解风情 | 113
第十九章 各自天涯 | 119
第二十章 在炮火烽烟中颠沛流离 | 129
第二十一章 三郎，我们分手吧 | 141
第二十二章 贫困生活中的温柔幻想 | 151
第二十三章 端木的新娘 | 158
第二十四章 山遥路远，一别永诀 | 165
第二十五章 最后的停泊地 | 171
第二十六章 秘密飞港 | 180
第二十七章 是辉煌，亦是终点 | 188
第二十八章 天涯孤女有人怜 | 195
第二十九章 去往碧水云天处 | 203
第三十章 生死相隔不相忘 | 211
附录 1 萧红作品表 | 217
附录 2 萧红年表 | 243
后记 | 261

第一章

童年，寂寞又欢愉

100 多年前的呼兰，是松花江北岸一座并不繁华的小城。城中只有两条大街，一条自南向北，一条从东到西。松花江的支流呼兰河绕城而过，小城由是得名。

1911 年的端午，萧红出生在呼兰河畔的一个乡绅之家。那一年，南方革命军的枪声震天动地，却似乎并未惊醒这个远在中国东北角的小城。呼兰河依旧悠悠流淌，小城的日子依旧宁静、保守而荒芜。

萧红本名张乃莹。张家的祖上是山东人，闯关东来到东北，经过一番艰辛，创下了殷实的家业。第四代张维祯继承了张家在呼兰的部分土地和房产，于是带领全家迁到呼兰。由于年过半百仍膝下无子，张维祯遂在族中选定堂侄张廷举作为继子。12 岁的张廷举过继到呼兰后继续求学，从黑龙江省立优级师范学堂毕业，日后成为黑龙江省教育厅秘书。

1909年，张廷举与同是出自乡绅之家的姜玉兰成婚。两年后，他们生下了第一个孩子，取名乃莹。这个女孩就是日后的女作家萧红。

萧红的童年在呼兰度过，虽然生活在父母身边，但得自父母的眷爱却很有限。5岁那年，胞弟张秀珂出生，从此母亲便很少顾得上她。至于父亲张廷举，是个形容严峻，不苟言笑的男人，对她始终疏远。在幼小的萧红眼里，他总是斜视着自己，威严而高傲，每当从他身边经过，萧红就觉得自己的身上像生了针刺一样。

在一篇自传性的散文《永久的憧憬和追求》中，萧红直言不讳地写道：

> 父亲常常为着贪婪而失掉了人性。他对待仆人，对待自己的儿女，以及对待我的祖父，都同样地吝啬而又疏远，甚至于无情。

8岁那年，萧红的生母姜玉兰去世，自此父亲的脾气愈发暴躁，甚至偶然打碎了一只杯子，他就要骂到使人发抖的地步。

3个月后，父亲娶回了继母梁亚兰，那时，萧红和弟弟为母亲志哀而缝在鞋面上的白布还未撕去。

在这样的环境里，萧红能得到的唯一温暖来自祖父张维祯。祖父身材高大，喜欢拿着手杖，嘴里含着旱烟管，眼里总是溢满盈盈笑意，亲切而和蔼。萧红回忆道：

等我生下来了，第一个给了祖父无限的欢喜，等我长大了，祖父非常地爱我，使我觉得在这世界上，有了祖父就够了，还怕什么呢？虽然父亲的冷淡，母亲的恶言恶色，和祖母用针刺我的手指的这些事，都觉得算不了什么。

性情温厚，待人宽容而善良的祖父，一举一动都给萧红带来潜移默化的影响，让她懂得人生除了冰冷和憎恶外，还有温暖和爱。祖父亦给了萧红文学的启蒙，在她心中播下了美的种子。在《呼兰河传》中，萧红记下了自己幼年跟随祖父学诗的片段：

早晨念诗，晚上念诗，半夜醒了也是念诗。念了一阵，念困了再睡去。

祖父教我的有《千家诗》，并没有课本，全凭口头传诵，祖父念一句，我就念一句。

祖父说：

“少小离家老大回……”

我也说：

“少小离家老大回……”

都是些什么字，什么意思，我不知道，只觉得念起来那声音很好听。所以很高兴地跟着喊。我喊的声音，比祖父的声音更大。

我一念起诗来，我家的五间房都可以听见，祖父怕我喊坏了喉咙，常常警告着我说：

“房盖被你抬走了。”

听了这笑话，我略微笑了一会工夫，过不了多久，就又喊起来了。

夜里也是照样地喊，母亲吓唬我，说再喊她要打我。

祖父也说：

“没有你这样念诗的，你这不叫念诗，你这叫乱叫。”

但我觉得这乱叫的习惯不能改，若不让我叫，我念它干什么。每当祖父教我一个新诗，一开头我若听了不好听，我就说：

“不学这个。”

祖父于是就换一个，换一个不好，我还是不要。

“春眠不觉晓，处处闻啼鸟，夜来风雨声，花落知多少。”

这一首诗，我很喜欢，我一念到第二句，“处处闻啼鸟”那处处两字，我就高兴起来了。觉得这首诗，实在是好，真好听“处处”该多好听。

还有一首我更喜欢的：

“重重叠叠上楼台，几度呼童扫不开。

刚被太阳收拾去，又为明月送将来。”

就这“几度呼童扫不开”，我根本不知道什么意思，就念成西沥忽通扫不开。

越念越觉得好听，越念越有趣味。

……

“两个黄鹂鸣翠柳，一行白鹭上青天。”

这首诗本来我也很喜欢的，黄梨是很好吃的。经祖父这一讲，说是两个鸟，于是不喜欢了。

“去年今日此门中，人面桃花相映红。

人面不知何处去，桃花依旧笑春风。”

这首诗祖父讲了我也不明白，但是我喜欢这首。因为其中有桃花。桃树一开了花不就结桃吗？桃子不是好吃吗？

所以每念完这首诗，我就接着问祖父：

“今年咱们的樱桃树开不开花？”

在萧红的笔下，父亲是一个暴君，母亲也仅仅只是一个不爱她的母亲，但是只要提到祖父，她的笔调就立刻变得温情、柔软。祖父不仅给了她唯一的宠溺和疼爱，亦给了她一所后花园。每当被祖母责骂，萧红就会拉着祖父的手往屋外走，边走边说：“我们后花园里去吧。”

祖父的后花园里，有樱桃树、李子树和大榆树，有如火般热烈绽放的玫瑰，还有各种不知名的草种吐出一串一串的花穗。幼小的萧红在这里捉蝴蝶、追蜻蜓，观看蜜蜂采花粉，跟着祖父铲地、拔草、栽花，学着分辨各种植物。困了，就找个阴凉的地方，把草帽盖在脸上，闭上眼睛睡着了，醒了就再跑，再玩。玩腻了，就去和祖父乱闹一阵，或是在祖父的大草帽上偷偷插上一圈玫瑰花，或是抢过祖父浇菜的水瓢，把水往天上扬，喊着：“下雨了！下雨了！”……

后花园向萧红敞开了另一个世界，这里没有威压和欺凌，没有势利和冷漠，只有高远的天，洁白的云，明亮的太阳和自由自在的花草树木。淳美的自然将萧红孕育成一个敏感多思的少女，她率真、任性、无拘无束，她将用她一生的时间去追寻爱与自由，这一切都源自她的祖父与后花园这两样最宝贵的财富。

一年又一年，在祖父和后花园的陪伴下，让荒芜的岁月变得明媚起来。

曾经祖父给萧红讲诗，讲到“少小离家老大回”时，萧红问祖父：“我也要离家的吗？等我胡子白了回来，爷爷你也不认识我了吗？”祖父一听就笑了：“等你老了还有爷爷吗？”看到萧红不开心了，祖父便赶忙搂着她说：“你不离家的，你哪里能够离家呢……”

萧红害怕离开祖父。

她深深记得，每当父亲打了她的时候，她就来到祖父的房里——从黄昏到深夜，看窗外的白雪，如棉絮一样飘着，而暖炉上的水壶盖，则像伴奏的乐器一样振动。

她亦深深记得，祖父常常把布满皱纹的手放在她肩上，而后又抚摸着她的头，温和地说：“快快长吧！长大就好了！”……

直到有一天，萧红真的长大了。

后花园里的玫瑰依旧花开满树，但祖父却不在后花园里，他被装进了一个黑黢黢大箱子，一声不响地走了。

那是1929年6月7日，萧红躺在后花园的玫瑰树下，园中依旧飞着蜜蜂和蝴蝶，绿草依旧散发着清馨的气息，一切都还是十年前的样子。十年前，母亲去世了，她仍在园中扑蝴蝶；十年后，祖父去世了，她却一直哭着，用祖父的酒杯饮了酒。——人间的温暖和爱仿佛都被带走了，她的心像被丝线扎住了一样痛。

躺在玫瑰树下的萧红在心中暗暗发下誓愿：

以后我必须不要家，到广大的人群中去……

可是，她颤怵了，人群中，还会有人像祖父一样疼她吗？

祖父去世了，后花园的花儿也谢了，萧红最终离开了家。然而只有“少小离家”，却没有“老大回”。

童年里，那些虽然缺少父母的爱却不失为无忧无虑的日子，再也不复返了。

第二章

求学保卫战

1920 年秋季，呼兰的两所小学开设了女生部，首次招收女学生。这一年萧红 9 岁，进入了龙王庙小学女生部就读一年级，从此开始了漫长而艰辛的求知生涯。

小学时代的萧红已然表现出了记忆力好、聪明灵活等优点。她学习勤奋，成绩优异，作文尤其写得好，在文学方面的天赋与才华已然小荷初露。

高小毕业后，萧红希望继续念中学，却遭到了父亲的强烈反对。整天都对萧红沉着脸的张廷举，这次也冷冷地说：“上什么中学？上中学在家里上吧！”

张廷举不让萧红上中学的原因是显而易见的。五四运动爆发以后，新文化、新思想在青年学生中的影响更加广泛，身在教育界的张廷举不会不知道中学学堂里的风气，那些学生以追求个性解放为名，自由恋爱，不服管束，动辄还要从旧家庭出走，这些都是张廷举所无法容忍的。他当然不希望萧红被这些不良习气“教坏”，干出荒唐事来，败坏张家的声誉。

年少的萧红畏惧父亲，但她想要上学的心是坚定的，她开始了对父亲和继母持久战式的反抗。半年多的时间里，继母反复同她吵嘴，父亲也一再责骂她，而她却始终不放弃求学的信念。

一天，父亲又一次无端冲她吼道：“你懒死啦！不要脸的。”萧红难以压抑内心的屈辱，她再也忍受不了这个家庭如机器一般对她的压榨，大声反驳父亲道：“什么叫不要脸呢？谁不要脸！”话一出口，愤怒如火山一样爆裂喷发的张廷举，立即扬起手，将萧红重重地推倒在地。

萧红慢慢从地上爬起来，没有低头，亦没有掉下一滴眼泪。多年后，回忆起这段往事，萧红依旧不忘在文中讽刺她的父亲：

> 父亲从那时起他感到父亲的尊严是受了一大挫折，也从那时起每天想要恢复他的父权。他想做父亲的更该尊严些，或者加倍的尊严着才能压住子女吧？

就这样一天天与父母僵持着，萧红渐渐病了。她的那些顺利升学的同学写信给她，向她讲述中学里热闹的事，也说些她不明白的功课。读着这些满含欢悦的信，病中的萧红心情愈加焦急。

老祖父心疼孙女，帮她向儿子求情。张廷举无动于衷，坚决不肯让步。亲戚朋友们也来劝说，然而每每提到萧红上学的事，张廷举都不答话，只是板起脸走到院子里。于是渐渐地，没有人再敢提起这件事了。

夏天过去了，秋天过去了，寒冷的冬天也就要过去了。正值青春年华的萧红在这个阴冷压抑的家里被困了整整三个季节，几乎是在用生命与父母抗争。

1927 年秋天，16 岁的萧红终于如愿升入了中学。至于她的父母最后为何会妥协，萧红曾在文章里解释道:“那不是什么人帮助我，是我自己向家庭施行的骗术。”而在她留下的所有文字里，却找不到任何关于这一“骗术”的具体说明。据说，萧红曾以出家相威胁，张廷举为了维护张家的颜面，才被迫应允。

萧红就读的中学，是哈尔滨的东省特别区区立第一女子中学。张廷举之所以把萧红送到这里读书，是因为这是一所为富家女子开设的十分保守的学校，校长孔焕书的思想也极为封建，这正合张廷举的心意。

不过，这所学校里依然有一些思想开放的教员，在他们的教导下，萧红全身心地投入了知识的海洋，如饥似渴地汲取精神的养料。她仿佛一棵曾被家庭的土壤抑制的盆栽，一经回到广袤的大地，就开始欢快地抽枝长叶，焕发出勃勃生机。

美术老师高仰山毕业于上海，他从那里带来了充满活力的现代艺术气息，亦带来了与时俱进的新思潮。萧红在他的感染下，萌发了对绘画的爱。她最爱画的是自然的风景，因为小时候常在祖父的后花园里嬉戏，萧红对自然的美有着敏锐的感悟力，而用画笔勾勒描摹纯美的自然，仿佛也让萧红的心变得更加纯净安宁。在艺术的世界里，她可以暂时忘掉烦忧，忘掉她曾目睹过的一切不平、一切丑恶和一切伤痛。

在高仰山的带动下，萧红和班上的同学一起成立了野外写生会。每到星期天，他们便背起画板和颜料，跟着高老师四处写生。他们画树林、画江岸、画风雪、画阳光，最爱去的地方是马家花园，这里有着中西合璧的建筑，亦有着种类繁多的花草树木。萧红仿佛拥有了一个更大的“后花园”，这个“后花园”带给她快乐，也启发着她无穷的创造力。

画笔让萧红体味到了一种自由。此刻，她的生命正如一张白纸，将在这张纸上描绘怎样的风景，将使用怎样的线条组合和色彩搭配，这一切，都应该由她自己选择，都可以由她自己决定。萧红懵懂地感到，自己生命的图样可以掌握在自己手中，她要在这张纸上建构出一番属于自己的轰轰烈烈。

萧红的最后一幅美术作业是《劳动者的恩物》，这是高仰山为这幅画取的名字。当时，高老师在教室里放了许多静物，同学们都按照老师的要求摹绘，而萧红却去找老更夫借了一支黑杆的短烟袋锅子和一个黑布的烟袋，开始自己的创作。萧红从小就常与呼兰的农民、长工交往，她了解他们的生存处境，也喜欢他们的朴实和善良。这烟锅和烟袋真实地反映了劳动者辛劳、卑贱的状态，亦寄托了萧红心中深切的同情。她已经开始在艺术创作中有意识地表达自己的思想了。

另一位对萧红有着深远影响的老师是教授历史的姜寿山。姜老师毕业于北京大学，在课堂上，他不仅讲授历史知识，还为同学们讲解世界见闻，因为讲说生动，深受学生的欢迎。姜寿山是萧红的新文学启蒙老师，是他将当时中国最优秀的新文学作品和外国文学译本介绍给萧红，让萧红对文学产生了越来越浓厚的热情。那时，萧红也经常阅读哈尔滨的《国际协报》文艺版。在这些中外名家名篇的熏染下，她的文学素养不断提升，文学天赋和写作欲望也渐渐被激发出来。

萧红开始写作诗歌和散文，她的作品以悄吟的笔名常常在校刊和壁报上发表。虽然此时这些作品大都抒写的是稚嫩的少女情思，但语言十分优美，深受老师和同学的喜爱，已然显现出了萧红的创作潜力。

1928 年冬天，日本为控制中国东北，迫使奉系军阀张学良签订《满蒙新五路协约》。协约规定，日本享有东北五条铁路的修建权。11 月 9 日，为保护东北路权，哈尔滨学生罢课，上街示威游行。在其他学校男生的热情鼓舞下，女中的学生不顾校长的严厉反对，也加入到了游行的队伍中。

骆宾基曾在《萧红小传》中说，萧红是个很少说笑、内心孤独的女孩。而此刻，这个安静而柔弱的萧红站在此起彼伏的“打倒日本帝国主义”的喊声中，激昂的学生运动仿佛有着巨大的感召力，让她激奋，让她被一种强烈的民族情绪笼罩——

我只感到我的心在受着挤压，好像我的脚跟并没有离开地面而它自然就会移动似的，我的耳旁闹着许多种声音，那声音并不大，也不远、不响亮，可觉得沉重。它带来了压力，好像皮球被穿了一个小洞嗞嗞的在透着气似的，我对我自己毫无把握。

萧红意识到，她不仅是她自己，也属于她身处的这个群体，她身体里流动的青春的热血同样也在沸腾。她对这片土地的爱，连同这片土地上的苦难所带给她的激愤，统统都被激荡出来，她想要宣泄，想要呐喊。她自告奋勇地承担起了散发传单的任务，在市民群众中大声朗读着传单。

然而，铁路最终还是在东北由日本人建成了。

这次失败的示威游行在萧红的记忆里留下了深刻的烙印，萧红说："每当我读了一节关于学生运动的记载文章之后，我就会想起那年在哈尔滨的学生运动。"

那些斗争、伤口和鲜血带给一个17岁少女的惊惧是可想而知的。更让萧红难以忘怀的是示威者的盲目和混乱，"打倒日本帝国主义"的最初目的似乎被示威者遗忘了，人群愤怒地冲向市政府大楼，而在遭到了警察的干涉后，竟然连政府也忘了，又高呼起"打倒警察"的口号。这场没有组织和纪律的运动，伤害的终究只是无辜的普通人。17岁的萧红似乎从铁路的建成中明白了什么，她的心逐渐成熟起来。

在参加社会活动的过程中，萧红结识了一些外校的男生。她的远亲表兄陆哲舜（一说陆振舜）在哈尔滨政法大学读书，因为住地较近，两人之间有了频繁的往来。陆哲舜欣赏萧红的气质与才华，亦时常给萧红指引和鼓励。渐渐地，萧红的心中对表哥产生了一种别样的感情。和表哥在一起，她觉得快乐，却又说不清原因，似乎是爱，又似乎只是志同道合的友谊。

不等萧红思索清楚这份懵懂的情感，一纸婚书突然降临在她的头上。

第三章

出走，妥协

有关萧红的未婚夫汪恩甲的资料极其匮乏，据说他是地方军官的儿子，家住哈尔滨西郊的顾乡屯。萧红在哈尔滨念初中时，他已在哈尔滨市道外三育小学任教。

最初，萧红与汪恩甲也曾有过一段甜蜜的交往。汪恩甲身材高大，仪表堂堂，他经常给萧红写信，也经常到学校去找萧红，有时甚至会将萧红接走。萧红的同班好友都知道汪恩甲是萧红的未婚夫。那时，萧红对汪恩甲也是喜欢的，她曾给他织过毛衣，汪父去世时，她也尽到了未婚妻的责任，去参加了葬礼。

然而，随着交往的加深，汪恩甲身上的纨绔子弟习气逐渐暴露出来，最让萧红无法忍受的，是汪恩甲居然抽大烟。这种种恶习，使得萧红开始疏远汪恩甲。

萧红试图向父亲抗议，要求解除与汪家的婚约，这样“无理”

的要求自然遭到了张廷举的强硬拒绝。

1930年夏天，萧红初中毕业，想去北平继续念高中，但父母却都希望她尽早完婚，继母甚至已经开始带着家里的妇女们为萧红的嫁妆忙碌起来。看着这片“喜庆”的景象，想到就要被迫终结学业，嫁给一个她不爱的男人，萧红只觉得无比惶恐。

她知道，此时再怎样反抗也已是无益，但她也更清楚，除了自己，没有人有替她决定命运的权力。她要摆脱这桩包办婚姻!

萧红心意已决，祖父去世以后，她对这个家已再无留恋了，逃婚的最好方式就是逃离这个家，“到广大的人群中去”。

7月，家里如火如荼地为萧红筹备婚礼。一天清晨，萧红突然失踪了。

协助萧红逃婚的人，自然是表哥陆哲舜。

这年4月，陆哲舜从哈尔滨政法大学退学，转到北平中国大学就读。萧红初中毕业后，他便一直鼓励萧红来北平念高中，并为萧红在这里的生活打点好了一切。

有了表哥的接应，萧红顺利来到了北平。不久，她的好友沈玉贤收到了她的来信，信中写道：

> 我现在女师大附中读书，我俩住在二龙坑的一个四合院里，生活比较舒适。这院里，有一棵大枣树，现在正是枣儿成熟的季节，枣儿又甜又脆，可惜不能与你同尝。秋天到了！潇洒的秋风，好自玩味！

一字一句，如同跳跃的音符，歌唱着萧红难以掩饰的兴奋。此时的她，就像一只刚刚挣脱牢笼的鸟儿，只看到一个自由的新世界，却还远远不懂得独立生活的艰辛。

二龙坑的四合院是一所有八九间房子的小独院。萧红和陆哲舜分住在里院北房的两头，中间有廊子相连。两人的关系依旧是暧昧的。萧红刚刚逃出婚姻的束缚，不想这么快就把自己再次托付给另一个男人。她来北平，不是为了像鲁迅笔下的子君一样，为涓生构建一个爱巢，而是要继续学业，做一个自由、独立的新式女性。但在这座陌生的大都市里，萧红依然免不了对陆哲舜的依靠，无论是物质上的还是精神上的，她对他的信赖与感情无疑是非同一般的。

萧红与陆哲舜所住的小院清静幽雅，一到星期天，这里就成了一群东北青年的聚会场所，他们是这兄妹二人在东北读书时的同学，这时又一同在北京漂泊，所以彼此之间倍觉亲近。

陆哲舜的中学同学李洁吾，此时在北京大学读书，他与陆、萧二人的友谊尤其亲厚，从未缺席过二龙坑的聚会。

晚年的李洁吾曾在文中回忆道：

> 我们海阔天空地畅谈着自己的理想、志趣，谈着生活，谈着希望……有过纵情的欢笑，也有过慷慨的悲歌！

然而，像这样快乐的日子却总是短暂的。

萧红出走以后，张家立即切断了对她的经济供给，甚至在入秋以后，除了寄信催促她回家成婚外，连一件保暖的衣服也不曾寄给她。陆家得知此事后，也威胁要停止供给陆哲舜的生活费用。

院子里枣树的果子落尽了，离家后初尝的幸福滋味也一天天远离了萧红，没有了经济来源，没有了御寒的衣物，她的生活陷入了饥寒交迫的窘境。

班里的同学一个跟着一个地问她：

“你真耐冷，还穿单衣。”

“你的脸为什么是紫色的呢？”

“倒是关外人……”

她们说着，拿女人专有的眼神审视着萧红，深深地刺痛了萧红的自尊。

新年的第一天，萧红打开门，发现外面下雪了。她的衣裳薄得透明，仿佛结了冰一般，于是赶忙跑回床上，床上也如同结了冰一般。一整天，她冷得不能去上学，只得蜷缩在床上等待表哥回来。然而直到太阳偏西了，陆哲舜还是没有回来。萧红无奈，向房东梗妈借了10个铜板，买来烧饼和油条当晚餐。

这天李洁吾来了，看到萧红在这间冰窖一样的屋子里病得无力起身，他什么也没说，走出去，一会儿又回来，把2元钱交到梗妈手里。这样，萧红的屋子里才有了煤炉。

然而，李洁吾帮助萧红，并不是因为他有能力给她帮助，他自己的鞋底也是有洞的。为了这2元钱，他当掉了自己的被子，从此以后，只能盖着褥子睡。

这番困苦中的友情让萧红感动，却也让她心酸，让她更加明白了自己的绝望。

学期即将结束，陆家下了最后通牒：如果两人寒假回来就寄去路费，否则，就什么也不再寄了。

20 世纪二三十年代，挪威剧作家易卜生的《玩偶之家》在中国一度风靡，剧中的主角娜拉认识到了自己“玩偶”的地位，不愿再做海尔茂太太，于是弃家出走。

萧红也想做娜拉，但她到底太年轻，还不曾想过离家以后的日子要怎样走下去。

鲁迅曾在《娜拉走后怎样》的著名演讲中说：“娜拉既然醒了，是很不容易回到梦境的。因此只得走；可是走了以后，有时却也免不掉堕落或回来。”在鲁迅看来，经济不能独立的女人出走以后，只有两条路，一是堕落，二是回来。这一发表于 1923 年的演讲，似乎预示着 1931 年萧红的命运。——萧红不会堕落，在生活的困境和家庭的压力下，她和陆哲舜只有向家庭妥协。这年 1 月，他们一起回到了东北。

第四章

良缘难成

令人难以置信的是，这次回到东北以后，萧红竟然向她的家庭妥协了。

1931 年 2 月，李洁吾再次在北平见到萧红。尽管分别的时间不长，但萧红仿佛已经变了一个人。她的穿戴阔绰了，俨然一副富家千金的模样，还送给李洁吾一小瓶白兰地酒和一盆马蹄莲花。

两人正说着话，忽然一个男人推门进来，萧红的脸色略显尴尬，向李洁吾介绍说："这是汪先生。"汪恩甲坐下后并不怎么说话，极不自然地掏出几枚银元反复摆弄。李洁吾见状，连忙告辞离开。

这次萧红和汪恩甲一起来北平，似乎是来为结婚备办用品的。两人常常一道出去，萧红的花费也比从前多了许多。

20 多天后，萧红随汪恩甲回到东北。她平静地告诉北平的朋友，她要和汪先生结婚了。

萧红万万没有想到，此事却突然另生枝节。

多年前，曾为汪恩甲和萧红的婚姻牵线的人，是汪恩甲的大哥汪恩厚和萧红的叔叔张廷献，两人曾经是同学。正当这桩“良缘”就要搭成时，汪恩厚却突然得知了萧红逃婚的“丑闻”，大怒之下，要求弟弟立即退婚。

如此难堪的局面，让张家和萧红本人都无法接受。羞愤难当的萧红将代弟退婚的汪恩厚告上了法庭。开庭那天，张廷举和张家的几位亲属都在场，萧红的两位要好的同学也到庭助阵。然而，在法庭上，汪恩甲为了顾全大哥的声誉，居然承认是自己要求解除婚约，而非大哥横加干涉，代弟休妻。萧红败诉了，法院当庭取消了汪恩甲与萧红的婚约。

汪恩甲的懦弱，让萧红再一次对他失望了，两人的关系也再度陷入了僵局。

萧红被汪家退婚的消息，在呼兰小城不胫而走，人尽皆知。与此同时，萧红也成了张家的罪人——因为她伤风败俗的行为闹得满城风雨，张廷举被迫辞去了黑龙江省教育厅秘书的职务，调到巴彦县教育局任督学，弟弟张秀珂也为了避开舆论的干扰，从呼兰转学到了巴彦。

为了避开呼兰人的议论，也为了更好地监视萧红，防止她再次出走，张廷举将萧红送到阿城县福昌号屯暂居。福昌号屯是张家的老家，这里住着萧红的继祖母徐氏（张廷举的继母）、两个伯父、四个叔父和一个姑母，由于地理位置偏僻、交通不便，住在这里的萧红无法与外界联络，无异于与世隔绝。

半年多来，萧红每天都屈辱地活在软禁之中。因为玷辱了张家的门风，她被视为败类，受尽歧视，甚至遭到脾气暴躁的大伯父的毒打。继祖母如同防贼一样监视她，连睡觉也要和她在一个炕上，对她的苛责更是家常便饭。萧红在《夏夜》里回忆道：

> 我常常是这样，我依靠墙根哭，这样使她更会动气，她的眼睛好像要从眼眶里跑出来马上落到地面似的，把头转向我，银簪子闪着光："你真给咱家出了名了，怕是祖上也找不出这丫头。"

这种种似乎无穷无尽的折磨让萧红的精神濒临崩溃的边缘，她没有一天不想逃离这个充斥着黑暗与痛苦的牢笼。这一次，她对出走的渴望已经不再是为了自由的理想，而仅仅只是求生的本能，她要活下去。

1931 年 10 月，萧红只身一人来到了哈尔滨。据说，是同情她的姑母和小婶，悄悄地安排她藏在送白菜的大车里，从福昌号屯到了阿城，又从阿城乘火车逃到哈尔滨。

与前一次的出逃不同。这一次，没有表哥的接应，没有同学的帮助，也没有周密的计划，萧红没有想过她要到哪里去，也没有想过她将靠什么来生活。她只是清楚地知道，这次离开以后，她再也不可能回去了。她遗弃了她的家族，同时，也遭到了家族永远的遗弃。

1931 年的初冬，流浪在哈尔滨街头的萧红与弟弟张秀珂重逢了。秀珂请她喝咖啡，反复劝她：

“天冷了吧！并且也太孤寂了，你还是回家的好。”

“天冷了，还是回家好，心情这样不畅快，长久了是无益的。”

“莹姐，天冷了，再不能漂流下去，回家去吧！你的头发这样长了，怎么也不到理发店去一次呢？”

而萧红却一再回避着弟弟的话，被问急了，才说：“那样的家我是不想回去的。”

秀珂要回学校了，与萧红握手告别。走了几步，又转回来，仍是不舍地说：“莹姐，我看你还是回家的好！”

萧红依旧坚决地说：“那样的家我是不能回去的，我不愿意受和我站在两极端的父亲的豢养……”

“那么你要钱用吗？”

“不要的。”

“那么，你就这个样子吗？你瘦了！你快要生病了！你的衣服也太薄啊！”秀珂深黑色的眼睛里充满了祈祷和愿望，在萧红孤寂的心中留下了久违的温暖。但她终究还是与弟弟分手了，分别向两个不同的方向走去。她独自一人，游走在初冬冷清的大街上，漫无目的。寒风刺着她的喉头，她羸弱地微微咳嗽着。

萧红真的踏上了一条不归路。直到1942年客死香江，终其一生，她再也没有回过“那样的家”，再也没有见过和她“站在两极端”的父亲，甚至再也没有回过呼兰，看一眼祖父坟头的青草和那后花园的玫瑰花开。

第五章

青杏的滋味

与家庭彻底决裂的这一年，萧红 20 岁。她结束了与专制家庭的抗争，同时也踏上了一条更为艰险的抗争之路。命运的压迫再次向她袭来，不给她一丝喘息的空隙。

1931 年的冬天，萧红孤身一人流落在寒冷的哈尔滨，她拥有了她曾发疯一样渴望过的自由，可是身无分文，无依无靠。她全部的聪明与才华都必须用来为维生而算计——生活仅仅只剩下了这么一点儿生存的算计。

有时，她回到学校，挤住在低年级同学的床铺上；有时，她晚上借宿在同学家中，白天在街上闲逛打发时间。也有时，她甚至无处投宿。

一次，萧红一整天没有吃东西，头脑昏昏沉沉，仿佛只有一半知觉存在着，另一半已经失掉了。积雪在她的腿上扫打，凛冽的北风吹刮着，她的眼泪差不多和哭着一般流下，她用手套抹着、揩着，手套也几乎结了冰。

她去敲姨母家的门，然而姨母家的人已全部睡下了，只有狗在院子里叫了几声。

她觉得自己的力量已完全用尽了，脚冻得麻木，再也不能在积雪里多走半步路……

这一夜，最终是一个下等妓女收留了她。妓女年老色衰，靠一个十二三岁的小姑娘挣钱，对小姑娘施以残暴的折磨。为了这一夜的床铺，萧红被剥夺了唯一可以御寒的套鞋和身上的单衫，当她从这间狭窄而阴暗的屋子里走出来的时候，只能用夏季里穿的通孔的鞋子去接触雪地。

饥寒交迫、无以聊生的萧红依旧不愿意回家，她信任的亲友大多自身也十分窘迫，无力给予她支援。此时唯一可以投靠的人，或许只有昔日的未婚夫汪恩甲。

1931 年 11 月中旬，为了度过这严寒的冬季，为了活下去，萧红与汪恩甲同居了。他们一起住进了位于哈尔滨道外区正阳十六道街东兴顺旅馆，一切住宿饮食都是挂单消费。之所以能如此，一方面是因为旅馆老板了解汪恩甲和萧红殷实的家境；另一方面也与“九一八”事变以后哈尔滨的旅馆业不景气有关。

在此以前，萧红已经历了与汪恩甲的两次离合。上初中时，她曾作为汪恩甲的未婚妻与他交往密切，而当婚期将至，她却为了抗婚而离家出走。在家庭和经济的双重压力下，她妥协认命，接受了与汪恩甲的婚姻，不料汪恩甲的长兄却又节外生枝，汪恩甲本人在法庭上的软弱表现亦曾让她彻底心冷。

一年前的夏天，那场轰轰烈烈的逃婚行动可以说彻底改变了萧红的命运。一年后的严冬，萧红曾拼命拒斥的那种生活却又回来了，甚至是被她自己心甘情愿地接受了——她离她梦想的学堂又更远了一步，她成了自己最反对的富家公子的附属品。命运给萧红开了一个无情的玩笑，她像一只被蛛网黏住的小虫，为了挣脱这张网，她历经千辛万苦，受尽种种磨难，却最终还是回到了原点，一切都成了徒劳。

萧红爱汪恩甲吗？当然不。可是，汪恩甲毕竟给过她温暖，给过她最初被爱的甜蜜。萧红信任汪恩甲吗？当然不。可是，尽管汪恩甲在他的家人面前唯唯诺诺，却并没有真的离开她。——他依然在追求她，一直在请求她的原谅。这让萧红在这个纨绔子弟身上，看到了那么一点真，而这一点真，此时已足够软化这个被残酷的现实折磨得伤痕累累的女子。

萧红自己从未提及过这段和汪恩甲在一起的日子，但从下面这件事里可以看出，他们之间并不和睦，萧红也并不快乐。

据萧红的堂妹张秀珉回忆，1932 年春天，那时她正在东省特别区区立第二女子中学读书。一天清晨，萧红突然出现在她的宿舍，衣衫破旧，蓬头垢面，样子很令人痛心。张秀珉连忙找到在同校就读的姐姐张秀琴，姐妹俩商量过后，决定将萧红留下，各自拿出了一些衣物、被褥供萧红穿用，并且征得了训育主任和校长的同意，让萧红插班进入高中一年级。

但令姐妹俩没想到的是，十几天后，萧红竟突然不辞而别。

她默默忍受着所有委屈，离开了学校，回到了东兴顺旅馆，回到了汪恩甲的身边。她没有丝毫选择的余地，因为此时，这个一再被命运捉弄的女子，发现自己竟怀上了汪恩甲的孩子。

1932 年 5 月，汪恩甲将萧红留在旅馆中，自己单独回家向父母求情。此行一方面是恳请他的父母接纳萧红和她腹中的胎儿，另一方面也是为了筹款偿还旅馆的债务。他们已在旅馆住了半年，欠下了 400 多元的食宿费。

一个新生命的出现，逼迫着萧红接受了她现在的角色——汪家有实无名的儿媳妇，汪恩甲孩子的母亲。她独自一人在旅馆中静静地等待着，等待着她腹中的小生命一天天长大，等待着这个小生命的父亲带着“喜讯”回来。

在萧红焦急的祈盼中，5 月过去了，6 月过去了。

汪恩甲依旧杳无音讯。

绵绵的阴雨落下来，一天又一天，冲刷着萧红心中所剩无多的希望。

杏树上结出了小小的杏子，美好的花期已过，只留下青绿的、未成熟的果，只留下脆硬的、酸涩的滋味。

萧红写道：

去年的五月，
正是我在北平吃青杏的时节，
今年的五月，
我生活的痛苦，

真是有如青杏的滋味！

去年的春天，她即将和汪恩甲举行婚礼，却最终和他对簿公堂。

今年的春天，她已怀上汪恩甲的孩子，却最终被孩子的父亲狠心遗弃。

她哪里能想到，自己竟然两次向同一个男人妥协，而后亦两次被这同一个男人背叛。

汪恩甲离开萧红以后，就再也没有回来。他将萧红重新推入了绝境，而这一次的绝境无疑更为惨烈——她不但没有钱，还欠下了旅馆一笔巨额债务；她不但要负担她自己，还有她身体里这个越来越沉重的孩子。

这一生，萧红再也没有见到过汪恩甲。这绵绵不绝、漫无边际的雨将他带离了她的生命。然而，他给她留下的那青杏般的滋味，却沉在她心底，成了她这辈子始终浓得化不开的酸苦，永远没有完结。

第六章

初识三郎

汪恩甲的一去不归，不仅加剧了萧红的绝望，亦让东兴顺旅馆的老板失去了耐心。他对萧红说:“一定得有个办法 ，太不成事了，7 个月了，共欠了 400 块钱。汪先生是不能回来的。男人不在，当然要向女人算账……现在一定不能再没有办法了。”

萧红拿不出钱，被从客房赶了出来，搬到旅馆二楼一间发霉的储藏室里。店主担心萧红负债潜逃，于是派人将其严加看管，并威胁萧红，如果再过一段时间汪恩甲还不回来，就要把她卖到道外的圈儿楼（妓院）抵债。

囚禁与虐待再度降临在萧红的生命中，她写信向好友李洁吾求助，但没有得到回应。

萧红知道，这一次她不能再依靠任何人。她的肚子越来越大，店主的催逼也越来越紧，她不能再无谓地等待下去，得想办法救自己和孩子。

此时，萧红能获取到的唯一外界信息，来自哈尔滨的《国际协报》。萧红从上初中时起就喜爱阅读这份报纸，尤其是该报的文艺副刊，曾让萧红受益匪浅。

1932年7月9日，萧红向《国际协报》文艺副刊寄去了一封求助信，信中以激烈的笔调详陈旅馆老板的恶行，诉说自己的悲惨遭遇，呼吁社会的同情和救援。

这封信立即引起了副刊主编裴馨园的重视，他带着几位记者和编辑一同去东兴顺旅馆探望萧红。他们向旅馆老板出示了记者证，警告老板不得虐待孕妇，并要求他正常供给萧红的伙食，一切费用均由报馆负责。

第二天，萧红打电话到报馆，想要几本书看。

裴馨园不在，电话是当时正在帮他处理稿件的一位年轻作者接的。当天下午，在裴馨园的委托下，这位笔名三郎的作者带着报馆为萧红准备的两本书和一封安抚信，来到了东兴顺旅馆，敲开了那间阴暗的储藏室的门。

1932年7月12日，这一天，三郎的到来改变了萧红的命运。

窄小的房间里，只有床、简单的被褥、破旧的书报和一个柳条包。三郎眼前的这位年轻女人，衣衫破旧，睁着两只大眼睛，脸色苍白，头发散乱地披在肩头。

三郎把书和信交给她，本想完成任务后就马上离开，可是她的身子紧偎在门旁，挡住了他的去路。她实在太孤寂、太无助，仿佛害怕他离开她似的。

萧红双手颤抖地捏着信，双眼定定地读了几遍。得知来人是作家三郎，她的脸上现出了惊喜。“你就是三郎先生，我刚刚读过你的文章，可惜还没有读完。”说着，她拿起床上的一张旧报纸指给他看，三郎看见，那是自己正在连载的小说《孤雏》。

“这里边有几句对我脾胃的话，我们谈一谈……好吗？”

这句请求将三郎留住了，也将两人的缘分留住了。

与君初相识，犹如故人归。他们第一次相见的这个下午，正印证了那份古老的情愫。

三郎看到了萧红的字，那是仿照魏碑《郑文公》字体勾写的几个双钩大字。三郎看到了萧红的画，那是用铅笔头画成的清丽的素描画。三郎读到了萧红的诗，他几乎要激动地惊呼：“谁说哈尔滨没有女诗人！”

令三郎印象最为深刻的，是一首叫作《春曲》的小诗：

那边清溪唱着，
这边树叶绿了，
姑娘啊！
春天到了。

在两人的畅谈中，一下午的时光很快便溜走了。三郎眼中的萧红，已不再是那个狼狈不堪的落难女子，而是这个世界上最美丽、最有才华的女人。他在心里发下誓愿，一定要不惜一切代价，拯救这个美丽的灵魂。

萧红的春天真的来了，这位三郎正是日后她生命中最重要的男人萧军。

萧军原名刘鸿霖，又名刘蔚天，1907 年 7 月 3 日出生于辽宁省义县沈家台镇下碾盘沟村，曾在东北讲武学堂学过军事，因打抱不平触犯教官而被开除，后在东北军中任下级军官。“九一八”事变后，气愤于东北军不抵抗而离开部队，与好友一起赴吉林舒兰，冀图策划当地驻军抗日，事败，携家眷潜入哈尔滨。哈尔滨沦陷后，因无经济来源而陷于困境，不得已将妻子许氏和两个女儿遣回老家，自己则准备伺机参加抗日游击队。其间，以三郎的笔名卖文糊口，因向《国际协报》副刊投稿，受到裴馨园的赏识，被请去协助处理稿件和一些其他编辑事务。

与萧红相识时，萧军的处境其实并不比她好多少，他没有自己的住处，借住在裴馨园家中，稿酬和编务费是他仅有的收入，只能勉强靠此果腹。萧红亦对他说：“当我读着您的文章时，我想这位作者绝不会和我的命运相像，一定西装革履地快乐地生活在什么地方！想不到竟也这般落拓！”

天色向晚，萧军与萧红从文学聊到人生，又从人生聊到爱情，他几次起身欲走，又几次重新坐下。

几十年后，年过古稀的萧军在回忆起这个下午时，笔端依旧满怀着深情：

这时候，我似乎感到世界在变了，季节在变了，人在变了，当时我认为我的思想和感情也在变了……她初步给予我的那一切形象和印象全不见了，全泯灭了……在我面前的只剩有一颗晶明的、美丽的、可爱的、闪光的灵魂！

临走前，萧军问萧红每天吃什么。萧红将桌上两只合扣着的粗瓷碗揭开，里面只有半碗粗硬的高粱米饭。萧军心头一阵酸楚，他搜了搜口袋，掏出5角钱放在桌上，对她说："留着买点什么吃吧！"

他没有告诉萧红，这是他身上仅有的5角钱，给了她，他就没有搭车回去的钱了。

他穿着一双破皮鞋，在夜色里踏上了漫漫归途。

而她，望着他远去的背影，陷入了百感交集的漫漫长夜。

这爱来得像一场及时雨，却又像一场不真切的梦，让她醉，让她恍惚，亦让她忧虑惶惑。

她提起笔，续写起她的《春曲》：

我爱诗人又怕害了诗人，
因为诗人的心，
是那么美丽，
水一般的，
花一般的，
我只是舍不得摧残它，
但又怕别人摧残。
那么我何妨爱他。

第七章
爱已倾城

1932 年 7 月 13 日黄昏，萧军第二次去东兴顺旅馆探望萧红。这是二萧的第二次会面，昨天，他们一见如故；今天，他们已然忘乎所以地相爱了。

狂风骤雨般的激情冲击着他们，波涛汹涌般的爱意淹没了他们。依偎在萧军粗犷的怀抱里，萧红不敢相信，自己真的可以得到幸福。一个连亲生父亲都不曾给她施舍过一丝怜惜的女人，一个一次又一次被欺骗、被抛弃、被推向悬崖边的女人，真的也配拥有这份爱吗?

但萧红知道，自己正全身心地爱着萧军，此刻，她从未体味过的一种爆发的柔情，将她真实地抓住了。

对于困厄、幽居中的萧红来说，萧军是她的救命稻草，是绝地里唯一的希望，也是第一个给予她如此磅礴之爱的男人。更何况，萧军珍惜她的才华，懂得她的心意，与陆哲舜和汪恩甲最为不同的是，萧军不仅是一个诗人，更是一个顶天立地的男子汉。他让 21 岁的萧红，第一次真正绽开了初恋之心：

你美好的处子诗人，
来坐在我的身边，
你的腰任意我怎样拥抱，
你的唇任意我怎样的吻，
你不敢来在我的身边吗？
诗人啊！
迟早你是逃避不了女人！

这首诗，带着醉意，也带着一点得意的、狡黠的欢欣。萧红仿佛早已忘却了自己和萧军的处境，眼里只有爱人，只有爱情，只有彼此紧紧贴在一起的身体和灵魂。从小到大饱受孤苦和寂寥的萧红，是那么需要爱，在得到爱情后，她就像一个单纯的孩子，为了一朵花的芬芳、一粒糖果的甜美而欢呼雀跃，仿佛整个世界都因此而美好起来。

这一夜，同样带给萧军无以复加的震撼。几个月后，他在中篇小说《蚀心》里，“实录”了他和萧红结合的过程：

不错！我们是太迅速了，由相识至相爱仅是两个夜间的过程罢了……天啦！他们吃饱了肚子，是太会分配他们那仅有的爱情了，我们不过是两夜十二个钟点间，什么全有了。在他们那认为是爱之历程上不可缺的隆点——我们全有了。轻快而又敏捷，加倍的做过了，并且他们所不能做，不敢做，所不想做的，也全被我们做了……做了……

及至我们醒觉，我们的前额，我们的胸窝，全在横溢着汗浆。那如峭石的白壁墙，窗口条条的铁栏栅……现实地，无疑我们仍是在地狱的人间一个角落拥抱着啊！

萧军无疑比萧红更清醒，在享受爱的激情的同时，他也清楚地知道，他们是在“地狱的人间”——要想得到人间之乐，必须先挣脱地狱的重重阻隔。

在当时的情况下，二萧的爱情前途是暗淡而渺茫的。萧红因还不起债，被监禁在东兴顺旅馆，报馆里上至裴馨园，下至像萧军一样的年轻作者，也都是白衣文人，根本无钱救助萧红。而萧红的肚子越来越大，临产的日子眼看着就要到了，如果旅馆还不放人，说不定会有生命危险。

想到种种可怕的未来，萧军一筹莫展。他恨自己无用，恨自己连心爱的女人都保护不了。他甚至悲观地想道：

你爱我的诗，也只请你爱我的诗吧！我爱你的诗，也只爱你的诗吧！除开诗之外，再不要及到别的了……不要及到别的了！总之，在诗之领域里，我们是曾相爱过……

在萧红和萧军都别无办法、束手待毙之际，最终让他们得以脱离苦海的，竟然是哈尔滨的漫天大雨。

20世纪40年代，张爱玲的小说《倾城之恋》备受追捧，故事中，范柳原和白流苏因为太平洋战争的爆发，因为香港的沦陷而最终走到了一起，结为一对平凡的世俗夫妻。但无数张迷们或许并不知道，早在小说问世的10年前，一场现实中的“倾城之恋”就曾在中国的东北发生，这段恋情甚至远比小说情节更为传奇，也更加惊心动魄。这便是萧军与萧红的“倾城之恋”。

在20余天的连续降雨过后，松花江大堤终致决口，并在8月初连续溃决。哈尔滨道里道外一片汪洋，水深数尺，皆可行船。

萧红所在的东兴顺旅馆地势低洼，一楼很快被洪水淹没了。她躺在二楼储藏室的床上，窗外不断有嘈杂的声音冲进来——包袱落水啦！孩子掉下阴沟啦！这些声音就像墙壁一样围堵着她。

天黑了，旅馆的主人和客人都纷纷提着箱子，携家带口地走了。之前为了躲避洪水而搬到二楼的人们也都走了。只有楼下的一家小贩、一个旅馆的杂役和一个病了的妇人，男人陪着她留在这里。除此之外，只有空荡荡的楼房，和萧红重获的、可怜的自由。

孤身在这荒凉散乱的地方，萧红禁不住想：“我怎么办呢？没有家，没有朋友，我走向哪里去呢？只有一个新认识的人，他也是没有家呵！”初来这里的时候还飞着雪，而现在已是大雨倾盆的时节；初来这里的时候肚子还是平平的，现在却变成这样了……

此时的萧军，与他的恋人一样辗转反侧。本想在决堤第二天就去把萧红接到裴馨园家，无奈他的口袋里连一毛钱也没有。他把他最好的一件制服从床板底下拿出来，抖落了灰尘，想着这回一定能当 1 元钱，其中 5 角钱给她买吃的送去，剩下的 5 角用作接她出来的船费。他自己尽可不必坐船去，以前不是学过几招游泳吗，现在应该用上了。

然而当铺的门关了。萧军回到裴馨园的家里，绝望地躺倒在床上。他恨自己，要不是之前不小心把皮带弄丢了，又去买了新的，他现在手上至少还应该有 5 角钱。他摸着腰间那条新买的皮带，忍不住把它抽下来，鞭打自己。为什么要用去 5 角钱呢？只要有 5 角钱，哪怕用手提着裤子，不也可以把自己的爱人救出来吗？他躺在硬得如石片一样的床板上，懊悔、焦虑、自责，彻夜无眠。

松花江决堤的第三天，太阳出来了，满街都行走着大船和小船。萧红终于被一只救济船接出了东兴顺旅馆。

数月以来，她第一次呼吸到了新鲜的空气，第一次看到了窗子以外的太阳，但她没有心思顾及这些。她睁着一双忧郁的大眼睛，焦急地在往来的船只上搜寻着男人的身影，脑海里仍然禁不住掠过不祥的念头——要是方才在急流中，船翻过去，不是全完了吗？

所幸，这一次这个生疏的世界总算没有辜负萧红。她按照萧军留下的地址找到了裴馨园的家，裴馨园的妻子告诉她，萧军出去找她了，一定是走岔了路。

在这个月光如水的夜晚，这对苦命的恋人终于劫后重逢了。

第八章

一样秋花经苦雨

从东兴顺旅馆逃出以后，萧红被暂时安置在裴馨园家的客厅居住。

起初，裴馨园对萧红很是照顾，他嘱咐家人，不要去打扰她，让她多休息。萧红和萧军也尽可能减少对裴家的打扰，他们常常去外面闲逛，只有在吃饭和睡觉的时候才回到裴家。

这样过了一段时间，二萧的落魄渐渐成了裴家的负担。一天，裴馨园的夫人黄淑英对萧红说："你们不要在街上走动，在家里可以随便，街上的人太多，很不好看呢！人家讲究着很不好呢。你们不知道吗？在这街上我们认识许多朋友，谁都知道你们是住在我家的，假设你们若是不住在我家，好看与不好看，我都不管的。"

萧红听出来，是他们的衣衫褴褛，让裴家失了颜面。看惯人情冷暖的萧红，深知寄人篱下总不是长久之计。从裴馨园夫妇对他们的态度来看，裴家已经不欢迎他们住在这里了。

无奈的是，萧红的产期越来越近，她的肚子疼得厉害，已经无法走动。

裴馨园从家里搬走了，把房子留给岳母住，被褥也全拿走了。萧红只有枕着包袱，睡在土炕上。

屋外的雨哗啦啦地下着，屋内的萧红在炕上滚成一团，发出撕心裂肺的尖叫声，压过了雨点的鸣响。萧军顶着暴雨出门去借钱了，萧红痛得不省人事，脸色惨白如纸。

痛得稍轻些，她爬下地来，想倒一杯水喝。茶杯刚拿在手里，一阵剧痛又再次袭来，杯子被摔在地上，裂成碎片。裴馨园的岳母跟着响声走进来，也不顾萧红的身受剧痛，便冲她埋怨道："也太不成样子了，我们这里也不是开旅馆的，随便谁都住在这里。"萧红痛得无力辩解，她把肚子压在炕上，肠子像被抽断了一样，汗水流淌着，泪水也跟着流淌。

在萧红渐渐有气无力的嘶叫声中，萧军回来了，他脸色铁青，不敢告诉萧红他刚才向裴馨园借钱的情形。——裴馨园竟然说："慢慢有办法，过几天，不忙。"萧军惊诧，这是朋友应该说的话吗？但他马上就明白了，他和裴馨园经济不平等，怎能算是朋友呢？

1932 年 8 月底，在当地市立医院的三等产妇室里，萧红的女儿提前一个月来到人世。

萧红能住进医院，并非因为萧军借到了住院费，而是迫不得已用了蛮横的手段。

萧军的狂怒终于换来了医院的及时救治，药力见效，萧红完全变白的脸渐渐恢复了血色。当听到爱人对自己说“亲爱的，这是你斗争的胜利”时，萧军再也抑制不住，屈辱的泪水从他的眼中滚落下来。

原本就营养不良的萧红，在生产过后更是极度虚弱。她昏沉地躺在产妇室的床上，秋夜清凉的月色泻满灰白的墙壁，夜深人静，隔壁孩子的哭声清晰地传来。她颤抖着伏在墙壁上，听着孩子的哭声和咳嗽声，想象着那冻得冰冷瘦小的身体，心如刀绞。可怜的孩子，生下来5天了，她的亲生妈妈却什么都给不了她。

萧红理智地知道自己要不起这个孩子。可是这个小生命在她的身体里一天天长大，连着她的血肉，也带给她刻骨铭心的疼痛，她怎能忍心抛下她的孩子呢？

她梦到萧军带着她离开了医院，没有交住院费，于是孩子给院长当了丫鬟，被院长打死了。孩子的哭声再次惊醒了她，她恍惚地感到有人在杀害她的孩子，赶忙走下床去，跌撞了几步，昏倒在地板上……

隔着一面墙，孩子依旧在哭，似乎是在哭着晕倒的妈妈，也似乎是在哭着自己，从生下来就没有妈妈的疼爱了。

萧红的女儿生下第六天，没有名字，甚至连妈妈的面也没有见过，便被一个30多岁的陌生女人抱走了。

萧红忍着剜心的痛，把头蒙在被子里，眼泪抑制不住地奔流。坐在床沿上的女人说：“谁的孩子，谁也舍不得，我不能做让母子分离的事。”萧红明白女人说这话的意思，赶忙擦干了泪，把头上的被子掀开，把笑容堆在脸上，眼泪和笑容凝结地笑道：“我舍得，小孩子没有用处，你把她抱去吧。”

半小时过后，女人满脸欢喜地用被褥包好孩子，抱起她走了。她们经过了产妇室的门，经过了产妇室里孩子的妈妈，永远地离开了。

等萧军再来医院的时候，萧红告诉他，孩子已经给人家抱去了。她没有露出一丝悲哀，眼神刚强而沉毅，平静地说：“这回我们没有挂碍了，丢掉一个小孩是有多数小孩要获救的目的达到了。”

不知萧军能否懂得，她送走孩子，是因为不愿给他带来负担，她强作平静，是因为不忍让他抱愧，不忍伤他男子汉的尊严。

萧红住院期间，萧军每天都去探望，为了躲避随时都会向他要钱的医院庶务，他只能从窗口跳进跳出。

在医院里，他们一起度过了1932年凄凉的中秋夜。为了安慰萧红，亦为了纪念他们的患难情深，萧军写下《寄病中的悄悄》三首：

浪儿无国亦无家，只是江头暂寄槎；
结得鸳鸯眠便好，何关梦里路天涯。

浪抛红豆结相思，结得相思恨已迟；
一样秋花经苦雨，朝来犹傍并头枝。

凉月西风漠漠天，寸心如雾亦如烟；
夜阑露点栏干湿，一是双双俏倚肩。

萧红在医院住了三个星期，同室的产妇都先后离开了。萧军依然没有筹措到住院费，院长只好放弃向他们要钱，把他们赶走了。

产妇们都是抱着孩子，坐着汽车或马车出院的。但萧红没有了孩子，也没有钱雇车，秋天来了，她连一件夹衣都没有。只有萧军扶着她，迈开虚弱的步子，向开垦一片荒田一样，向前方缓缓地走去。

第九章
一嘴泥，一嘴草

萧红出院后不久，萧军就带着她离开了裴家。

他们找到一家由白俄人经营的欧罗巴旅馆，在三楼顶棚下的一个小房间里，开始了属于两个人自己的生活。

白俄经理来收房钱，一天2元，一个月60元。二萧手里只有裴馨园给他们的5元钱，雇马车来时用掉了5角，只剩下4块5角。萧军递给白俄经理2元钱，经理要求他们明天把这个月的60元房租交齐，否则就必须搬走。

萧军说："不走，不走——"

经理说："不走不行，我是经理——"

萧军急了，从床下取出剑来，指着经理道："你快给我走开，不然，我宰了你。"

剑裹在纸里，经理以为是枪，慌张地跑出去报告警察所，说萧军带着凶器。

晚上，三四个警察闯入房间里来。萧军正赤着胸膛洗脸，两手还是湿的，就被警察架住了两臂。警察把箱子打开，翻弄了一阵，没有找到枪，最后把剑带走了，说："日本宪兵若是发现你有剑，那你非吃亏不可，了不得的，说你是大刀会。我替你寄存一夜，明天你来取。"

警察走了，萧军和萧红的日子寂静下来。街灯的光漏进黑暗的房间，像是一股浸入时光的寒凉之味。他们就在草褥铺成的床上，拥吻着，相互搂抱着入睡了。明朝醒来，依然要为钱发愁，这个夜晚，他们只拥有彼此，也只有彼此才是最大的安慰。

铺盖要5角钱一天，他们租不起。于是茶房把软枕、床单、桌布都抽走了，原本洁白的屋子立刻变得斑驳芜杂。

夜饭要6角钱一份，他们吃不起。于是茶房手中端着的饭菜，连同饭菜的香气，立刻被送入了别人的房间。

萧军没有固定的收入，靠当家庭教师挣钱。萧红每天在旅馆里饿着肚子等他回来。每天只有饥饿和不尽的等待，只要听到有脚步声经过门口，她的神经就紧张起来。她盼着她的三郎回来，却也害怕他只是空着手回来。

房间的小窗那样高，就像关囚犯的屋子。这样日复一日的、无意义的日子，和之前被遗弃在东兴顺旅馆的生活有什么区别呢？萧红想到自己现在的样子，坐在椅子上，两手空着，什么也不做；嘴张着，可是什么也不吃，就像一架完全停止了运转的机器。

1932年11月初，萧军被中东铁路哈尔滨铁路局的一位王姓科长聘为家庭教师，教他的小儿子国文和武术，学费可用住房抵偿。

就这样，萧军和萧红终于有了第一个家，在道里区商市街25号院内，是雇主家的一间终日不见阳光的半地下小屋。

萧军借来了一张铁床、一张桌子和两把椅子，又买回了水桶、菜刀、碗筷、水壶、被褥还有白米，一个小家似乎也有些像模像样地经营起来。

萧军回忆道：

像春天的燕子似的：一嘴泥，一嘴草……我和我的爱人终于也筑成了一个家！无论这个家是建筑在什么的梁檐下，它的寿命能够安享几时，这在我们是没有顾得的，也不想顾得的。我的任务，只是飞啊飞……寻找着可吃的食粮，好使等待在巢中病着的一只康强起来！

而萧红也开始了小主妇的生涯，昔日的张家大小姐并不懂得烧饭——油菜烧焦了，白米饭是半生就吃的，说它是粥，比粥还硬一点，说它是饭，比饭还粘一点。

和在欧罗巴旅馆一样，依旧是萧军每天去工作，萧红每天在家里等他。她铺床、擦地、烧饭、刷碗，每天围着火炉台转走，每天吃饭、睡觉、愁柴、愁米……这是真正的过日子了，可是这样的为柴米油盐所消耗的日子却让萧红心有不甘。

还住在欧罗巴旅馆的时候，萧红写信给旧日学校里的美术老师，请求他的资助。

老师带着女儿来看萧红。小姑娘 15 岁，穿着红花旗袍和黑绒上衣，优雅地坐在藤椅上。萧红想起，上初中时的自己就和她一样美。

老师依旧和萧红谈艺术，他说："你现在不喜欢画，你喜欢文学，就把全心献给文学。只有忠心于艺术的心才不空虚，只有艺术才是美，才是真美。"这些话，对于饱经风霜、饱受饥寒之苦的萧红来说仿佛那样遥远而空虚，但却让萧红的心触动了、潮湿了。曾经的她，也是那样爱美，也是那样倾心于艺术，也是那样有着天马行空的理想。而现在，仿佛一切都过去了。她并没有老，只有 22 岁，却仿佛已经走完了几辈子，而今，早已"只有饥寒，没有青春"了。

看着眼前这个年少的女孩，萧红只有暗自叹息，小姑娘只知道美，哪里懂得人生？读书的时候只晓得青春最重要，读书的时候哪里懂得"饿"？

搬来商市街的第一天，雇主家的三小姐来找萧红，说是萧红的初中同学。萧红并不认识这位王家小姐，王家小姐却说，张乃莹的名字她还记得很熟。她或许从未想过，当年校园里的风云人物，常在校刊上发表文章的"悄吟"，今天会落魄到这个地步。

"三姐！你老师来啦。"她的弟弟，也就是萧军辅导国文和武术的学生在外面叫她，她站起来，对萧红说："我去学俄文。"她卷着发，涂着红唇，长身材，细腰肢，依旧是爽快的少女作风。萧红看着她，觉得自己怕是已经老了，或许残败得比 30 岁更老。

一天，萧红正在等萧军回家，在门口遇见王家的二小姐。一向生疏的二小姐突然问她：“没去看电影吗？这个片子不错，胡蝶主演。”

萧红说：“没去看。”

二小姐热心地继续说：“这个片很好，煞尾是结了婚，看这片子的人都猜想，假若演下去，那是怎么美满的……”她戴着蓝色的大耳环，永远吊荡地不能停止。

而此刻，萧红身上穿着单薄的袍子，已经冷得透骨了。

她忍不住在心里羡慕那些姑娘，那些还在上学，还能学着俄文的姑娘，那些戴耳环、看电影的姑娘。她也想抓住那些青春浪漫的情怀，然而生活却不由自主地滑向了浑浑噩噩、庸庸碌碌。她才22岁，漫长的人生路，为什么定格得这样快呢？

在贫苦的日子里，萧红和萧军之间，除了“新婚”的甜蜜外，也有过一些隔阂与争执。

由于生存的重压，萧军必须整日忙碌地在外奔波，早晨起来要去南岗；吃过饭，又要给他的小徒弟上国文课；上完课，又要出去借钱；晚饭后，还要去教武术，教中学课本。辛苦的工作让他没有更多的心思去照顾萧红的感受，在萧红听来，连他对自己说话的语气都变得低沉严肃，完全没有声色。

白天，萧军不在家，萧红一人独守空房，好不容易盼到了晚上，她多想和她的情郎好好说说话儿，然而萧军一躺到床上就一睡不醒。萧红觉得万分孤独，仿佛是空对着几件家具生活，虽生着嘴，却不言语，虽生着腿，却不走动，虽生着手，却什么也不做。甚至连视线都被墙壁阻隔着，连看一看窗前的麻雀也不能够，什么也不能够。这个没有阳光，没有暖，没有声，没有色，一贫如洗，只有寂寞和荒凉的地方，真的是家吗？

搬到商市街以后，萧红第一次上街是去当铺。她用一件新做的、还没穿过的棉袍当了1元钱，于是从菜市、米店里买了许多东西回家，还买了10个包子。一路走着，她提着东西，手冻得很痛，腿也走得发软，好久不出门，太阳光刺得眼睛也痛了。

回到家，她把包子递给萧军。萧军兴奋起来，一个接着一个吃着包子，似乎完全没有想到此时坐在身边的萧红也饿着肚子，还走了那么远的路。萧红看着自己心爱的人狼吞虎咽地吃完了10个包子，竟然一个也没有给自己留下。

但是一想到能让他吃一顿饱饭，她心里也是欣慰的，然而这份欣慰中间，却也夹杂着一丝说不出的苦涩。

萧红的身体渐渐恢复后，也想出去工作，为萧军分担压力。她从报上看到一则招聘电影广告员（为电影院画广告）的启事，月薪有40元，这立刻让她动心了。

萧军陪她去商行接洽。第一次去，由于地址标注不明，他们找这家商行找了很久，好不容易找到了，商行的职员却说“今天星期日，不办公”。第二次去，又告知他们“请到电影院本家去接洽吧。我们这里不替他们接洽了。”

从商行出来，萧军就埋怨萧红道：“这都是你的主张，我说他们尽骗人，你不信！”

他们吵起来了。他觉得过错全在她，而她觉得他完全没有理由和她生气。回家的路上，他一直走在前面，仿佛不愿意和她一起走，仿佛因为她看问题没有眼光，让他很嫌恶。两个人一路吵着架回了家。

后来萧红不再提这件事，萧军却因为南岗的学员不找他学武术了，自己主动到电影院去过两次。这两次又是无功而返，萧军发起脾气来："我去过两次，第一回说经理不在，第二回说过几天再来吧。有什么劲，只为这40元钱，就去给他们耍宝！画的什么广告？什么情火啦，艳史啦，甜蜜啦，真是无耻和肉麻！"直到晚上睡觉时，他依然没忘掉这件事，又对萧红说："你说我们不是自私的爬虫是什么？只怕自己饿死，去画广告，画得好一点，不怕肉麻，多招来一些看情史的，使人们羡慕富丽，使人们一步一步地爬上去……就是这样只怕自己饿死，毒害多少人不管，人是自私的东西……"

萧红不喜欢萧军发火，然而此时，萧军终究是她崇拜的男人，她的眼里看不到萧军的虚荣、好面子，只觉得他对人性的剖析显得无比透彻。他的这番议论竟让她感动了。

又是一天，他们在街上散步时遇见了朋友老秦。老秦说，他在电影院画广告，问萧红和萧军愿不愿意来帮忙。二萧都不答话。可想而知，萧红是不敢答应，萧军不是说过，这样的工作是毒害他人吗？她若是接受了这么"自私"的工作，萧军会看不起她的。而萧军虽然嘴上也不答话，心里却很想去挣钱的。

老秦说："5点钟我在卖票的地方等你们，你们一进门就能看到我。"吃过晚饭，萧军便催着萧红起身了。就连这顿饭吃得也分外急促，两人就站在炉边吃，饼还是半生的就吃了下去。汤还在火炉板上蒸着气，汤锅还没盖起来，萧红连一口汤也没喝，萧军就已经急切地跑出去了。萧红追着他，刚要出大门，突然想到火炉旁边还堆着一堆木柴，怕着火，于是又回去看了一趟，等再出来的时候，萧军已经跑到街口了，对萧红又是一番没好气地教训："做饭也不晓得快做！摸索，你看晚了吧！女人就会摸索，女人就能耽误事！"

他们到了电影院，等了半个钟头也没有看到老秦，只好回家了。萧军的那套"自私"理论便又重新生发出来，他责备萧红道："都是你愿意去……人这自私的东西，多碰几个钉子也对。"萧红任他愤怒地抱怨，她看明白了他，这前后矛盾的说辞和行为让她觉得可笑。原来贫穷不只会让人自私，也会让人变得无理取闹啊。

当晚，萧军出去了，老秦找到家里来，萧红便跟着他去画广告了。10 点，她画完了广告，回到家，见萧军正在房中生闷气——因为找不到她。

这一夜，他们又吵了起来。萧军去买酒，萧红心里觉得委屈，也把酒抢过来喝了一半。

她哭了，他也哭了。她醉了，他也醉了。她的心上像有开水滚，竟然为了钱和自己心爱的人闹到这步田地。他歪倒在地板上，嚷着说："一看到职业，什么也不管就跑了，有职业，爱人也不要了！"

她看到他的样子，被滚水灼伤的心中又生出了无限爱怜，也觉得一切都是自己的错了。

第十章

黑暗现实中的两颗明星

1932年秋天，萧军在小饭馆里偶然结识了革命青年金剑啸。金剑啸比萧军小3岁，曾在哈尔滨晨光报社担任文艺副刊《江边》的编辑，后赴上海学习美术，1931年在上海加入中国共产党。这年8月，他受组织委派回到哈尔滨，秘密从事革命活动，将20世纪30年代上海的革命文艺气息带到了东北文坛。

不久，由于志趣相投，这位相貌俊朗的文艺才子立即成为萧军和萧红的好朋友。11月下旬，为了救济水灾难民，金剑啸发起举办了维纳斯助赈画展，得到了许多成名画家的支持。萧红也为他送去两幅粉笔静物画，一幅画的是两根萝卜，另一幅画了一双半旧的傻鞋和两个山东硬面火烧。当时，二萧还住在欧罗巴旅馆，这也是萧红仅有的可以作画的静物。

画展结束后，由金剑啸发起，参展的画家们成立了维纳斯画会，画会经常在哈尔滨知名画家冯咏秋的家里开办沙龙。冯咏秋居住在道里区水道街公园附近一幢俄式平房里，与之同住的还有黄之明、袁淑奇（后改名袁时洁）夫妇。屋外是一片宽阔的花园，屋主在其中种花植草，种植最多的是牵牛花，每逢盛夏，满园怒放的牵牛花一片姹紫嫣红，冯咏秋的家因而有了“牵牛坊”的美称。

渐渐地，牵牛坊的沙龙成为哈尔滨进步文化人士的聚会。牵牛坊也成了中国共产党地下工作组织一个隐秘的接头场所，有时，这里也进行着秘密抗日的工作。经常前去的有金剑啸、罗烽白朗夫妇、舒群、达秋、白涛、刘昨非、吴寄萍等。大家把热情好客、乐善好施的牵牛坊主冯咏秋戏称作“傻牛”，黄之明和袁淑奇则分别得到了“黄牛”和“母牛”的绰号。在这里，萧军和萧红认识了许多喜爱文艺的青年朋友，萧军发现，自己和黄之明原来竟是东北陆军讲武堂的同学。萧红与袁淑奇也格外投缘，常亲昵地唤她“小蒙古”。新结识的朋友们热情地欢迎二萧的加入，高兴地说：“牵牛坊又牵来两头牛！”

由于扩大了交往的范围，二萧渐渐从一己的痛苦中走出，参与到社会中去。也正是从牵牛坊的聚会开始，萧红慢慢地步出了自己狭小的生活圈子，百无聊赖的生活因而有了生机与转机。

承载了太多辛酸和苦难的 1932 年终于过去。除夕夜里，二萧去牵牛坊和朋友们一起狂欢。聚会临结束时，袁淑奇递给萧红一个信封，告诉她回家以后再看。回到家里，萧红拆开信，意外地发现信封里竟放着一张 10 元钞票——袁淑奇知道二萧在物质生活上一贫如洗，为了能让他们过一个相对宽裕的新年，特意准备的。朋友的善解人意让二萧感动不已，也让他们真正感受到了新年的喜悦。

1933年初，萧红在牵牛坊友人的鼓励下，创作了纪实散文《弃儿》和小说《王阿嫂的死》，并以悄吟的笔名发表在当时一些具有影响力的报纸上。久别校园的萧红，文笔并没有生疏，相反，在生活的磨炼中愈加纯熟、细腻。

处女作的成功，激发出了萧红酝酿已久的创作欲望，从此一发不可收，又陆续发表了《看风筝》《小黑狗》《中秋节》等真实表现困厄生活的散文。萧红的才华终于有了用武之地，她正式踏上了文学创作的道路。

1933年8月6日，由中国共产党直接控制的长春《大同报》文艺周刊《夜哨》创刊，直到同年12月24日被迫停刊，共出21期。萧红始终是主要的撰稿人，发表的重要作品包括小说《哑老人》《夜风》、散文《渺茫中》、诗歌《八月天》等。

写作不仅让二萧看到了生活的希望，更让他们看到了自己人生的价值。两人开始肩并着肩，在这条他们热爱的道路上，努力奋斗下去。

1933年9月初，《国际协报》上刊载了一则出书广告：

> 三郎、悄吟著之《跋涉》，计短篇小说十余篇，凡百余页。每页上，每字里，我们都可以看到人们“生的斗争”和“血的飞溅”给以我们怎样一条出路的线索。现在在印刷中，约9月底全书完成。

10 月初，在舒群等友人的资助下，萧军和萧红的小说散文合集《跋涉》自费出版。其中包括萧军的作品 6 篇:《桃色的线》《蚀心》《孤雏》《这是常有的事》《疯人》和《下等人》；以及萧红的作品 5 篇:《王阿嫂的死》《广告副手》《小黑狗》《看风筝》和《夜风》。在书的最前面，刊出萧红的小诗《春曲（一)》，这正是萧军初见萧红的时候读到的那首纯真美丽的诗作。

《跋涉》以五日画报印刷社的名义出版。在当时，由于没有经过日本人审查，这是一部非法的出版物。但它却带给了二萧无比的欣喜和激动。为了庆祝书稿的开印，萧军提议去吃外国包子。萧红到吧台要了两小杯伏特加，向萧军表示祝贺。回家后，两人又决定去松花江游泳，对于两个囊中羞涩的年轻人来说，这就是最适合他们释放兴奋的狂欢。江水浩浩荡荡地奔涌着，天宽水阔，二萧的前途仿佛也顿时开阔起来，一时间浑身上下充满了干劲儿。萧军的衬衣被江水冲走了，但他们却意外收获了一条江鱼，失去衬衫的小小遗憾随之被驱散。晚上，两人对坐在桌前一起吃鱼，清贫的日子因为有了精神食粮而显得分外温馨甜美。萧军对面前的女人说:“为着我们的新书，我请你吃鱼。”

《跋涉》的出版和畅销，轰动了沦陷初期的东北文坛。二萧因而被誉为黑暗现实中两颗闪闪发光的明星，奠定了他们在东北文坛上的地位。

在萧红的创作起步阶段，萧军给了她很大的影响，既有精神上的鼓励，也有写作上的指导，更重要的是那股向现实挑战的冲力的感染，这也形成了萧红作品中经久不衰的艺术魅力。

随着发表作品的逐渐增多，二萧放弃了家庭教师的工作，开始专心写作，靠稿费维持生活。他们在东北文坛上的名声越来越响亮，经济状况也有所好转。曾经那些因饥饿和贫穷所引发的隔阂或争执，在他们的相互磨合中渐渐隐退。共同经历过患难的伴侣之间，往往不仅有爱，更有着一种相濡以沫的亲情。更何况，萧红和萧军此时并不只是伴侣，他们是亲人，更是志同道合的文友。

一次，萧红的一位中学校友在街上看见二萧在一起的情形：

> 萧军脖子上系了个黑蝴蝶结，手里拿着三角琴，边走边弹；萧红上穿花短褂，下着一条女中学生通常穿的黑裙子，脚上蹬了一双萧军的尖头皮鞋，看上去特别引人注目。二人边走边唱，就像一对流浪艺人。

抗日女英雄赵一曼也曾回忆说：

> 第一次见到他们（二萧）是在中央大街上，后来也常在大街上碰见，两人服饰都不讲究，悄吟还穿着一双男士的皮鞋，可是他们身体和精神都很健康，一边行走，一边谈笑，风姿潇洒，旁若无人。

风雨过后，坎坷过后，萧红和萧军依然是相亲相爱、幸福快乐的一对儿。

1934年，在齐齐哈尔念高中的张秀珂偶然在报上读到了三郎和悄吟的文章，得知这位悄吟竟然就是自己的姐姐张乃莹，他立即写信到报社询问。萧红收到信后，亦立即回信，热情地欢迎秀珂到哈尔滨上学。从此，萧红与张秀珂不仅恢复了姐弟关系，也开始了亲密的书信联系。不过，这年秋天，当秀珂转学到哈尔滨时，萧红和萧军已经被迫离开了这座城市。

1933年7月，在萧红的提议下，金剑啸和罗烽等人组织了一个半公开的抗日演出剧团，名为星星剧团，萧红和萧军都是剧团的主要演员。排演戏剧的过程，给这群进步的文学青年带来了信心与快乐。而正当他们斗志昂扬地准备演出时，与剧团有牵涉的人相继被捕，剧团被迫解散。

在此以前，萧军与萧红的合著文集《跋涉》，因作品中涉及了对生活阴暗面的写实描述，被当局查禁。

1934年，《夜哨》停刊后，由于白朗已接任《国际协报》副刊的编辑工作，党地下工作组织便通过白朗在《国际协报》副刊上创办了《文艺》周刊。为了掩人耳目，《夜哨》的作者在《文艺》周刊上发表作品时大都改换了笔名，萧军署名田倪，萧红署名田娣。然而1934年底，《文艺》周刊在印行48期以后，再度被迫停刊。

恐慌日益蔓延，周围的朋友中不断有人被捕和神秘失踪，二萧的商市街住处周围也出现了“门前的黑影”，两人的处境越来越危险。

东北的左翼进步青年陆续逃离了沦陷区，在朋友们的劝说下，萧军和萧红也决定离开哈尔滨，暂避青岛，他们的好朋友舒群在那里接应他们。

生活才刚刚有了起色，转眼又要去漂泊。哈尔滨曾带给萧红最深切的无助和最残忍的痛楚，但萧红对这座城市却充满了不舍与眷恋。因为在这里，她度过了最美的青春年华，她结识了一生中最爱的男人，她走上了属于自己的文学创作道路。这座城市摧毁了她，却也赋予了她新的生命，一位张家大小姐在这里死去，而另一位坚强的女作家却在这里重生。

哈尔滨也是萧红和萧军的蜜月之地，是他们风雨同舟、患难与共的地方。这里的每一条街道，每一个日子，都承载着甜美的回忆。

然而，尽管不舍，却终须与这里分别。

1934 年 6 月 12 日，二萧乘火车离开哈尔滨，次日抵达大连。两天以后，乘日本轮船大连丸号驶往青岛。

哈尔滨离他们远去了，松花江离他们远去了，东北离他们远去了。不知何时，他们才能回到这片土地……

萧红或许未曾想过，此番离去，就是她与东北的永诀。她不断在作品中书写这片土地，追忆这段过去，“东北”成了她文学生涯中从未逝去的风景，从未磨灭的印记。

然而，她的足迹却再也没有回转到这个为她打上印记的地方。

【附录】

在萧红日后的人生里，他们始终是重要的朋友。

罗烽（1909—1991），原名傅乃琦，辽宁沈阳人。1928年在黑龙江省呼海铁路传习所学习期间参加革命，1929年加入中国共产党，"九一八"事变后，联络青年文学工作者萧军、萧红、白朗、舒群等在长春《大同报》、哈尔滨《国际协报》创办大型文艺周刊《夜哨》《文艺》。1934年因叛徒告密被捕，在党组织的帮助下于1935年无罪获释。同年7月与夫人白朗同赴上海，加入中国左翼作家联盟（简称左联）。其后辗转于上海、武汉、重庆，担任上海文艺协会秘书、上海文艺界战时服务团宣传部长，主编半月刊《哨岗》。在此期间发表了大量的诗歌、小说、剧本，主要有长诗《碑》三部曲、中篇小说《莫云与韩尔谟少尉》、长篇小说《满洲的囚徒》等，其中《满洲的囚徒》取材于自身经历，是其代表作之一，产生了广泛的社会影响。1941年皖南事变后到延安，后任陕甘宁边区文化工作委员会秘书长。

白朗（1912—1994），原名刘东兰，笔名刘莉、戈白等，辽宁沈阳人。1929年与表兄罗烽结婚，来到哈尔滨。"九一八"事变后，在罗烽帮助下积极参加反日工作，加入党的外围组织反日同盟。1933年春，在党组织授意下，进入《国际协报》工作，不久，接任

《国际协报》副主编，后创办《文艺》周刊，利用该副刊进行反满抗日宣传。1934 年 6 月 18 日，哈尔滨地下党组织遭到破坏，罗烽被捕。1935 年 5 月，罗烽出狱后，二人同赴上海，并加入左联。1941 年到延安，1945 年加入中国共产党。

舒群（1913—1989），原名李书堂，笔名黑人、舒群，黑龙江阿城人。1932 年 3 月起，开始为第三国际中国组工作，同年 8 月加入中国共产党。直到 1933 年秋，都以《五日画报》分销处的名义做掩护从事情报传递工作。1935 年到上海，加入左联。抗日战争爆发后，抵达陕北，在八路军总部任随军记者。1940 年起，先后任延安鲁迅艺术学院文学系教员、系主任，《解放日报》四版主编，东北文工团团长。

第十一章

美丽的山岛

萧军和萧红离开哈尔滨一周以后，罗烽便遭逮捕，经多方营救，10个月以后才被保释出狱。

1934年6月15日，二萧通过了日本海上侦缉队的严密盘查，终于抵达青岛。两个来自沦陷区的青年，怀着两颗激动的心、火一样的爱，踏上了祖国的海岸，投向了祖国的怀抱。

新婚不久的舒群夫妇在码头上迎接远道而来的朋友。他们住进青岛市南区观象一路1号的一栋二层建筑中，萧军、萧红伉俪住在楼上，舒群夫妇住在楼下。

在青岛的日子里，萧红过上了一生中少有的安适生活。这一时期，萧军担任了《青岛晨报》的编辑，萧红一边写作，一边操持家务。闲暇时，他们和朋友一起外出游赏，大学山、栈桥、海滨公园、中山公园、水族馆、海水浴场……在这座美丽祥和的滨海小城，他们尽情享受着青春。

夜晚，万籁俱寂的时候，他们相伴在灯光下，或读书，或研讨文章，在互相争论与砥砺中共同进步。

萧红曾在《国际协报》的副刊上发表过《麦场》和《菜圃》两篇小说，此时，她继续写作着《麦场》的续篇。萧军也继续写作着在哈尔滨时就已动笔的《八月的乡村》。由于生活既无忧无虑，又严谨规律，萧红和萧军都达到了前所未有的良好写作状态。

由于同在《青岛晨报》担任编辑工作，萧军结识了作家张梅林。梅林与二萧年龄相仿，又同样以文学为事业，正在努力写作，因而不久便与他们成了要好的朋友。三人之间常以三郎、悄吟、阿张相称呼，平常总是一道去市场买菜，做俄式的红菜汤吃。萧红会用有柄的平底小锅烙油饼，让萧军和梅林都吃得非常满足。

9 月 9 日，萧红完成了长篇小说《麦场》(后定名为《生死场》)的写作。10 月 22 日，萧军的《八月的乡村》也宣告脱稿。

写作的顺利让二萧感到欣慰，但书稿的出版问题却也让他们担忧，由于含有反满抗日的内容，两人的作品不可能在东北发表，而他们初来青岛，既无文名，与当地文坛也没有联系，该怎样在关内立足，成为他们必须要面对的问题。

1934 年 10 月初，二萧以萧军的名义给鲁迅先生写了第一封信，信中谈及在诗人徐玉诺的介绍下阅读了《野草》的感受，以及二萧在写作中的困惑：不知现在的时代究竟需要什么样的作品。最后介绍了萧红已完成的小说《麦场》，表达了希望得到鲁迅先生指教的愿望。

（这是萧军第一次使用这一笔名，从此，他便带着这个名字在文坛上纵横驰骋。这一笔名既反映了萧军最初的军人身份，也暗含了他对东北家乡的情结，因为古时辽国人萧姓居多。）

这封信辗转到达鲁迅案头的日子是10月9日，这一天，鲁迅的日记中记载着：“得萧军信，即复。”

萧军和萧红在寄信时，并不敢抱以太大希望。毕竟鲁迅是著名的大文豪，而二萧还只是在东北仅发表过少量作品的无名青年。何况时局混乱，鲁迅先生能否收到信，回信能否成功寄到他们手里，都是没有保障的。

令二萧受宠若惊以致欣喜若狂的是，时隔不久，他们就收到了鲁迅先生的回信，信寄到了《青岛晨报》的负责人孙乐文所经营的荒岛书店内。萧军和萧红把信一读再读，又和朋友们一起一读再读，所有人都沉浸在难以抑制的激动和快乐之中。

多年以后，萧军回忆起这段往事时依然激动不已：

> 我们在那样的年代，那样的处境，那样的思想和心情的状况中而得到了先生的复信。如果形象一点说，就如久久生活于凄风苦雨、阴云漠漠的季节中，忽然从腾腾滚滚的阴云缝隙中间，闪现出一缕金色的阳光，这是希望，这是生命的源泉！又如航行在茫茫无际夜海上的一叶孤舟，既看不到正确的航向，也没有可以安全停泊的地方……鲁迅先生这封信犹如从什么远远的方向照射过来的一线灯塔上的灯光，它使我们辨清了应该

前进的航向，也增添了我们继续奋勇向前划行的新的力量！

在回信中，鲁迅对二萧在信中提及的事项进行了一一答复，原文如下：

萧军先生：

给我的信是收到的。徐玉诺的名字我很熟，但好像没有见过他，因为他是作诗的，我却不留心诗，所以未必会见面。现在久不见他的作品，不知道哪里去了？

来信的两个问题的答复——

一、不必问现在要什么，只要问自己能做什么。现在需要的是斗争的文学，如果作者是一个斗争者，那么无论他写什么，写出来的东西一定是斗争的。就是写咖啡馆跳舞场罢，少爷们和革命者的作品，也绝不会一样。

二、我可以看一看的，但恐怕没工夫和本领来批评。稿可寄“上海 北四川路底 内山书店转 周豫才收”，最好是挂号，以免遗失。

我的那一本《野草》，技术并不算坏，但心情太颓唐了，因为那是我碰了许多钉子之后写出来的。我希望你脱离这种颓唐心情的影响。

专此布复，即颂

时绥

迅上

十月九夜

回信中坦诚、真挚、亲和的态度，即便是在80多年后的今天读起来，依旧能给人莫大的感动。对于这两个素昧平生的青年，鲁迅不仅向他们敞开心扉，诉说为文心得，更毫无芥蒂地把自己的通讯地址告诉了他们，并嘱咐他们要寄挂号信，以免遗失。在这封简短的信里，鲁迅对后辈学子发自内心的关怀已然展露无遗。

这封回信，是鲁迅与萧军、萧红之间友谊的开始，亦成为二萧文学生涯中最关键、最重要的转折。收到信后，他们立即把《生死场》的手抄稿和此前已出版的《跋涉》合集一起寄给鲁迅，并随信附上了两人告别哈尔滨时所拍的一张合影。

这张合影，或许是萧红和萧军最美丽的留念。照片中的两个年轻人，穿着时尚，面容清澈，目光天真，尤其萧红眉宇之间的那股专注、坚毅和敏锐的神情让人久久难忘。

无论是书稿还是照片，都无疑让二萧给鲁迅先生留下了更好的印象。

青岛宁静舒适的生活让二萧身心舒展，写作也渐入佳境。他们都希望在这座美丽的山岛上继续工作和生活，然而还不到半年，他们又面临着流亡的命运。

1934年中秋节，去岳母家过节的舒群和妻子、妻兄一起被捕。不久，萧军供职的《青岛晨报》被迫停刊。10月下旬的一个风雨之夜，孙乐文约萧军秘密相会，他告诉萧军，自己翌日就要离开青岛去外地避险。说罢，将40元钱交给萧军，叮嘱他也一定要尽快转移。

当时，山东境内的地下党组织纷纷遭到重创，由于《青岛晨报》和荒岛书店都是地下党的外围组织，萧军和萧红的处境已然十分危险。

1934年11月1日，为了躲避追捕，二萧和张梅林一起，离开了青岛这座宜人的港湾，又坐上日本货轮大连丸号，向上海驶去。等待他们的，依旧是流浪——流浪——流浪远方——

第十二章
十里洋场春化雨

萧红和萧军在上海举目无亲，吸引他们来到这里的，不是十里洋场的繁华，而是他们在精神上最信赖的人——鲁迅先生。

初到上海的日子，二萧和张梅林一起在一个小客栈里住过几天。随后，梅林搬到了他的同学那里，萧军和萧红则租下了拉都路北段杂货店二楼的亭子间。两人除了依旧要向朋友借债之外，生活中只剩下两件事：一是改稿；二是盼望着和鲁迅先生见面。

萧军于 1934 年 10 月底写完《八月的乡村》。11 月，由于刚刚在上海安顿下来，他在改稿过程中不免有些烦躁、气馁的情绪，甚至憎恶自己写作的低能，一度想要把书稿付之一炬。此时的萧红，正是一个温顺贤良的妻子，她陪伴在他身边，照顾他、督促他、鼓励他，终于让他的修改稿顺利完工。之后，亦是这个柔弱却坚韧的小女人，在没有任何取暖设施且简陋的家里，帮丈夫抄写完 10 万多字的书稿。

她不畏冬季没有炉火，没有阳光，水门汀铺地的亭子间的阴凉，披着大衣，流着清鼻涕，时时搓着冷僵的手指，终于把《八月的乡村》给复写完了！——即使到今天，此情此景仍然活现在我的眼前，我永远感念她！

——1979 年，72 岁的萧军如是说。

初来上海，二萧都没有收入，而租房、吃饭、水电、日用样样都要花钱。复写书稿要使用日本制的美浓纸（薄而透明，比较轻软柔韧），最后一次买纸时，萧军实在没钱了，只好把萧红的一件旧毛衣拿去当了 7 角钱。

正当生活难以维系之时，二萧幸运地收到了盼望已久的东西——鲁迅先生的“救命符”到了。

1934 年 11 月 27 日，鲁迅致函“刘先生”和“吟太太”：

本月三十日（星期五）午后两点钟，你们两位可以到书店里来一趟吗？

从收到信后，一直到见面时，二萧的心都在“破轨地跳着”。

11 月 30 日终于来了。鲁迅带二萧去了霞飞路一家白俄人开设的咖啡馆，并将夫人许广平和儿子海婴介绍给他们认识。

1945 年，许广平在文章中回忆起与二萧的初次见面，言语中满溢着欣赏与怜惜：

> 阴霾的天空吹送着冷寂的歌调，在一个咖啡室里我们初次会着两个北方来的不甘做奴隶者。他们爽朗的话声把阴霾吹散了，生之执著，战，喜悦，时常写在脸面和音响中，是那么自然，随便，毫不费力，像用手轻轻拉开窗幔，接受可爱的阳光进来。
>
> 从此我们多了两个朋友：萧红和萧军。

那时，许广平初识的萧红体格健康、白皙、爱笑，最大的特点就是“无邪的天真”。她不大谈起自己的身世，但“不相称的过早的白发衬着年轻的面庞，不用说就想到其中一定还有许多曲折的生的旅程”。

临别时，鲁迅把一个信封放在了桌上。二萧知道，这是他们之前写信向鲁迅先生借的20元钱。由于他们身无分文，鲁迅又留下了一些银角和铜板，让他们乘车回家。

两个年轻人看着先生深陷的双颊，苍青的脸色，不由得内心刺痛。鲁迅写信安慰他们说：“这是不必要的。我固然不收一个俄国的卢布，日本的金元，但因出版界上的资格关系，稿费总比青年作家来得容易，里面并没有青年作家的稿费那样的汗水的——用用毫不要紧。而且这些小事，万万不可放在心上，否则，人就容易神经衰弱，陷入忧郁了。”

鲁迅知道，在这个生疏、冷漠的城市里，两个年轻人的热情和倔强换不来食宿，倘若这种境遇延续得过久，势必会销蚀了他们身上这些美好的品质。他决定要帮助二萧，给他们介绍上海文艺界的朋友。

1934 年 12 月 18 日，二萧意外地收到了鲁迅和许广平的邀请函：

> 本月十九日（星期三）下午六时，我们请你们俩到梁园豫菜馆吃饭，另外还有几个朋友，都可以随便谈天的。
>
> 豫 广同具十二月十七日

这封短短的书简，由萧军的手转到萧红的手，又由萧红的手转到萧军的手，而后又每人用了自己的一只手把这信捧在了两个人面前看着、读着，两个人拿信的手都在不约而同地、不能够克制地轻轻颤抖。泪水涌出了萧红的眼眶，萧军的眼睛也跟着湿润了。

良久，这两颗波澜起伏的心才微微平静下来。萧红扯了扯萧军的罩衫袖管，调皮地说："你脱了外套，就穿这件灰不灰、蓝不蓝的破罩衫去赴鲁迅先生的宴会吗？"

萧军也意识到了这个问题："那穿什么呀？我没有第二件……"

聪慧的萧红再次显露出她贤良主妇的本事来，她胸有成竹地宣称，要给萧军新做一件礼服。

不一会儿，她便用 7 角 5 分钱从一家大的拍卖铺子里给萧军买回了一件衣料，又从皮箱里把萧军在哈尔滨时穿的一件俄国高加索式立领绣花的大衬衫找了出来，一番比量后，竟跳着拍起手来。

萧军一脸疑惑地看着这个像孩子一样兴奋的女人，提醒她道："你知道，明天下午 6 点钟以前，我们必须到达那家豫菜馆！你让我像一个印度人似的披着这块布头儿去当‘礼服’穿吗？”

萧红闪着那双乌亮的大眼睛，得意地说：“傻家伙！我怎么能让你当‘印度人’哪！你等着瞧吧，在明天下午5点钟以前，我必定让你穿上一件新‘礼服’去赴鲁迅先生的宴会！要显显我的‘神针’手艺！”

在一盏高悬的25度的昏黄电灯下，萧红开始飞针走线地忙碌了起来。头一天忙到深夜，第二天天还没亮又起来继续缝纫。她几乎是不吃、不喝、不停不休地在缝制着这件衣裳，那美丽的、纤细的手指不停地上下游走。

还不到下午5点，一件新“礼服”真地出现在了萧军身上。让萧军惊讶和佩服的，不仅仅是妻子缝制衣服的速度，更是这件新衣服完全合身和舒适。

“把小皮带扎起来，围上这块绸围巾！”女人向男人命令道。

沉浸在幸福中的男人一切都照办了。女人又说：“走开，远一些，让我看一看！”

男人像一个正在操练的士兵一样，走到屋角，向后转，立正，面向着女人。女人沉吟着，从正面、侧面反反复复观摩打量自己的爱人——这个经她“包装”过的杰作是那么英俊。四目相对，她的爱掩饰不住地流溢了出来，喷涌了出来，像一只小麻雀一样欢悦地扑向了他，他们便紧紧地拥抱在一起，仿佛这一瞬便要把对方融化在自己怀中……

装束整齐的二萧来到豫菜馆，许广平在二楼迎接他们，如多年不见的故友一般，热情地拥抱了萧红。

她一眼就注意到了萧军的“礼服”：

> 亲手赶做出来，用方格子布缝就的直襟短衣穿在萧军先生身上，天真无邪的喜悦夸示着式样。——那哥萨克式，在哈尔滨见惯的——穿的和缝的都感到骄傲，满足，而欢欣。我们看见的也感到他们应该骄傲，满足，欢欣。

那天晚上鲁迅宴请的客人，除二萧以外，都相互认识。为了不使这两个初来乍到的异乡人感到见外或局促，许广平特意在宴会正式开始以前，把萧红带到另外一个房间，告诉她：那位“老板”是茅盾，驼背高个子是聂绀弩，女士是聂夫人周颖，穿西装的青年人是左翼作家叶紫，空位子是给胡风夫妇留的。这样的细心和体贴让萧红和萧军都深受感动。（许广平之所以这么做，是因为不便当众透露这些左翼作家的身份，而他们的暗语又势必让二萧不解，故而要提前悄悄告诉萧红。）

这场宴会以庆祝胡风夫妇的长子满月为名，不过主宾胡风夫妇却因为信被耽误而并没有到场。鲁迅热情地将二萧介绍给四位“新师友”，大家也纷纷对二萧夫妇表示欢迎。宴会快要结束时，穿西装的青年人叶紫走过来，与萧军互留了地址。

萧军在回忆这次宴会时写道：

> 回想起来，鲁迅先生当时这次“请客”的真实目的和意义是很分明的：在名义上是为了庆祝胡风夫妻儿子的满月，实质

上却是为了我们这对青年人，从遥远的东北故乡来到上海，人地生疏，会有孤独寂寞之感，特为我们介绍了几位在上海的左翼作家朋友，使我们有所来往，对我们在各方面有所帮助；同时大概也担心我这个体性鲁莽的人，不明白当时上海的政治、社会环境的危险和恶劣，直冲蛮闯可能会招致出“祸事”来，所以特地指派了叶紫做我们的向导和“监护人”。仅从这一次“宴会”的措施，可以充分显示了这位伟大的人，具有伟大灵魂的人，伟大胸怀的人，对于后一代的青年人，对于一个青年文艺工作者是表现了多么深刻的关心，付出了多么大的热情和挚爱啊！

在鲁迅的帮助和提携下，二萧终于摆脱了困窘而孤独的处境，在英才辈出的上海文坛上闯荡出了属于他们自己的一片天，并与许多左翼作家建立了深厚的、持续终生的友谊。他们始终无法忘怀，在最初那段煎熬的日子里，鲁迅先生如春风化雨一般的恩情。

正是先生的一字一句，支持着他们走过了那段不见天光的路。他们深深地记得，他们带着信，用六个铜板买来两包花生米，一边共同读着信，一边一粒一粒地吃着花生米，一边向着拉都路南段散步的情景。这两个贫寒的异乡人脚步轻快，甚至有些飘飘然——在这孤苦的世界里，因为有了鲁迅先生的回信，他们的生活便有了期盼，有了乐趣；因为有了鲁迅先生的友谊，他们便忘却了一切艰难困苦，感到自己就是这世上最幸福的人。

为了纪念这次宴会，也为了纪念这件新“礼服”，1935 年春天，二萧特意到法租界的万氏照相馆照了一张合影。照片中，萧军穿着这件爱人亲手缝制的格纹短衣，项上围一条米色软绸围巾；萧红则穿着一件深蓝色的开领画服，嘴里衔着一只照相馆的烟斗道具，一双大眼睛盈盈地透出笑意。

【附录】

聂绀弩（1903—1986），湖北京山县人，著名诗人和散文家。1924 年考入广州中央陆军军官学校（即黄埔军校），随后参加国共合作的第一次东征。1926 年进入苏联莫斯科中山大学学习；1927 年回国。“九一八”事变后，在上海加入左联。20 世纪 30 年代中期，先后编辑《中华日报》副刊《动向》和杂志《海燕》。

叶紫（1911—1939），原名余昭明，又名余鹤林，湖南益阳人。1932 年加入“左联”，从此走上文学道路。1933 年加入中国共产党，并第一次以叶紫为笔名发表短篇小说《丰收》。1937 年“八一三”事变后，携家眷回到益阳老家。1939 年因病去世。

第十三章

姑娘的春天

1935 年初，张梅林回到烟台，二萧则继续留在上海。

他们在上海曾频繁地搬过几次家。1934 年底，搬到居住环境稍好的拉都路南段的福显坊 22 号；1935 年 4 月 2 日，在几个从青岛来上海的朋友的盛情邀请下，搬到拉都路中段 351 号的三楼；1935 年 6 月，搬离拉都路，住到萨坡赛路 190 号；1936 年春，又搬到北四川路底的永乐里。

在这段时间里，二萧与鲁迅夫妇的交往越来越密切。1935 年 5 月 2 日上午，鲁迅和许广平带着海婴一起到二萧家中做客，之后两家人一同去法租界的一家西餐馆吃午餐。由于上海的政治环境复杂，当时和二萧住在一起的朋友又并不能完全信任，二萧为了保护鲁迅的安全，也为了隐瞒他们与鲁迅之间的联系，很快便搬离了拉都路中段的家。

1935年11月6日，二萧首次登门拜访北四川路大陆新村九号的鲁宅，与鲁迅一直畅谈到深夜。此后，他们便成了鲁迅家的常客。1936年，鲁迅的身体状况越来越差，二萧为了减少先生给他们写信的劳顿，也为了照应鲁迅的生活，他们便搬到了北四川路上一处离鲁宅很近的住所。搬家之后，他们几乎每天晚饭后都要去看望鲁迅先生，和先生一起聊天、研讨作品，有时帮先生做饭，有时也和先生一起出去看电影。

萧红对鲁迅的感情，早已从起初对师长的敬畏，渐渐转变成对"父亲"的亲近。24岁的萧红，梳着两条辫子，依旧是一副天真烂漫的学生模样。一天，她穿着一件新奇的火红色上衣，问鲁迅："周先生，我的衣裳漂亮不漂亮？"那时鲁迅的病刚刚好了一些，坐在躺椅上，从上往下扫了萧红一眼，说："不大漂亮。"紧接着又告诉萧红，"你的裙子配的颜色不对，并不是红上衣不好看。各种颜色都是好看的，红上衣要配红裙子，不然就是配黑裙子，咖啡色的就不行了；这两种颜色放在一起很混浊……"之后，又一连教给萧红好多穿衣经。

鲁迅不喜欢轻佻的女孩子。萧红要去赴一个宴会，请许广平帮她找一点布条或绸条束一束头发。许广平给了萧红米色的，又开玩笑地把桃红色的布条举起来放在她的头发上，取笑着说："好看吧！多漂亮！"萧红也很得意，规矩而又顽皮地等着鲁迅来"欣赏"，不想鲁迅一看就生气了，训斥道："不要那样装她……"萧红像闯了祸的孩子一样，连忙安静下来。

梅雨季的时候，很少有晴天。一天上午，天空刚一放晴，萧红就赶忙跑到鲁迅家去，跑得上楼的时候还喘着气，连茶也喝不下。鲁迅问："有什么事吗？"萧红开心地说："天晴啦，太阳出来啦。"鲁迅和许广平都笑了，看着他们那"冲破忧郁心境的展然的会心的笑"，萧红的心里满是欣喜与快慰。

6岁的海婴也喜欢萧红。曾经在豫菜馆的宴会上，这位小上海人讲话让萧军几乎完全听不懂，但他和萧红却仿佛一见如故似的混得很熟。海婴一见到萧红就非拉着她去院子里一起玩不可，鲁迅说："他看到你梳着辫子，和他差不多，别人在他眼里都是大人，就看你小。"许广平问海婴："你为什么喜欢她呢？不喜欢别人？"海婴说："她有小辫子。"说着，就来拉萧红的头发，一派亲密无间的样子。

也是在"宴会"那天，萧红把一对用枣木旋成的小棒槌作为见面礼送给海婴，海婴特别喜欢。鲁迅在信中对萧红说："代表海婴，谢谢你们送的小棒槌，这我也是第一次看见……他去年还问：'爸爸可以吃吗？'我的答复是：'吃也可以吃，不过还是不吃吧。'今年就不再问，大约决定不吃了。"

海婴把萧红看作玩伴，鲁迅也把萧红看作孩子。对待她，就像对待女儿，既有关怀，又有骄纵。每次萧红提议要包饺子、做韭菜合子、做荷叶饼，鲁迅总是满口赞成。而不管萧红做得好不好，他都会在饭桌上举着筷子问许广平："我能再吃几个吗？"

有一段时间，萧红觉得自己疏懒、爱睡觉、发胖，没写出满意的作品，于是请求鲁迅像严师那样鞭策她。鲁迅在回信中调侃道："我不想用鞭子去打吟太太，文章是打不出来的，从前的塾师，学生背不出书就打手心，但愈打愈背不出，我以为还是不要催促好。如果胖得像蝈蝈了，那就会有蝈蝈样的文章。”

萧红的生父张廷举性格暴虐，早已与她断绝了父女关系。萧红在童年时缺失的父爱，而今终于在鲁迅给她带来的温暖中，得到了些许补偿。

一旦生活安定下来，二萧就立即投入了勤奋的写作，鲁迅欣赏他们的才华，也开始向有关刊物推荐他们的作品。

1935 年 3 月 1 日，萧军的小说《职业》发表在《文学》杂志上；3 月 5 日，萧红取材于青岛生活的小说《小六》发表在陈望道主编的《太白》第一卷第十二期。此后，二萧的作品陆续发表在各种刊物上，他们的名字也逐渐在上海文坛流传开来。

一次，萧红在叶紫的怂恿下写信给鲁迅先生，想让先生请客，给他们打打牙祭。鲁迅欣然同意，约定 3 月 5 日带叶紫和二萧一起去吃晚饭。这一天，正巧《译文》的编辑黄源来访，《芒种》的编辑曹聚仁也来送刊，鲁迅便邀请他们二人同去聚餐。

鲁迅先生这次请客，不仅让二萧与黄源和曹聚仁结缘，也让奴隶社正式进入了筹备之中。

萧红在青岛写完的长篇小说《生死场》，经鲁迅联系后，生活书店愿意出版，书稿送往国民党中央宣传部书报检查委员会审查，结果没有通过，被退了回来，鲁迅又帮萧红把书稿投到《妇女生活》杂志，最终也被退稿。在此以前，叶紫的《丰收》亦没有通过审查，而萧军的《八月的乡村》题材更为敏感，因而也更难获得正式出版的机会。于是，这三个年轻人决定成立奴隶社，自费出版“奴隶丛书”。“奴隶”是受压迫者，用来做丛书名，是为了表达反抗的斗志。

这一想法立即获得了鲁迅的赞成和支持。

1935 年 3 月，“奴隶丛书” 之一《丰收》出版；1935 年 8 月，“奴隶丛书” 之二《八月的乡村》出版；1935 年 12 月，“奴隶丛书” 之三《生死场》出版。鲁迅分别为这三本书作序。

萧红的《生死场》几乎每页都有鲁迅的亲笔修改——蝇头小楷，用朱砂圈点，空当处写不下时，就划上一道引到额上去添加，就是那一道，都划得笔直，字迹更是工整有体。

从这份改稿的细致和耐心，亦可见鲁迅对萧红的爱护。

先生亲自作序并帮助修改，萧红仍不满足，在为《生死场》设计了风格独特的封面后，她又有了一个孩子气的要求，要鲁迅亲笔签名制版。鲁迅无法，只得迁就这个娇憨任性的孩子，却不忘在回信中对她嘲笑一番：“我不大稀罕亲笔签名制版之类，觉得这有些孩子气，不过‘悄吟太太’既然热心于此，就写了附上，写得太大，制版时可以缩小的。这位太太，到上海以后，好像体格高了一点，两条辫子也长了一点，然而孩子气不改，真是无可奈何。”

据许广平回忆，《八月的乡村》与《生死场》的出版，给上海文坛带来了“不小的新奇与惊动”，因为这两部作品“是那么雄厚和坚定，是血淋淋的现实缩影”。她进一步指出：“《生死场》似乎比《八月的乡村》更觉得成熟些。每逢和朋友谈起，总听到鲁迅先生的推荐，认为在写作前途上看起来，萧红先生是更有希望的。”

《生死场》首次使用萧红的笔名，这个名字刚刚诞生，就深深地印入了文学的记忆，深深地印在了读者的心中。

“奴隶丛书” 的《小启》中，这样介绍《生死场》：

至于还想要知道一些关于在满洲的农民们，怎样生，怎样死，以及怎样在欺骗和重重压榨下挣扎过活，静态和动态的故事，就请你们读一读这《生死场》吧。

在出版“奴隶丛书”的过程中，二萧与文艺理论家胡风结识，并一度有了密切的往来。当时，萧红的书稿还没有一个正式的名字，暂以第一章《麦场》为名，是胡风给出了定名为“生死场”的建议，这一书名后来也得到了鲁迅的认可。

胡风在《生死场》的《读后记》中，高度肯定了这部小说和它的作者：

使人兴奋的是，这本不但写出了愚夫愚妇的悲欢苦恼，而且写出了蓝天下的血迹模糊的大地和流在那模糊的血土上的铁一样重的战斗意志的书，却是出自一个青年女性的手笔。在这里，我们看到了女性的纤细的感觉，也看到了非女性的雄迈的胸襟。

《生死场》也得到了鲁迅的高度赞赏，鲁迅在为此书作序时写道：

这自然还不过是略图，叙事和写景，胜于人物的描写，然而北方人民的对于生的坚强，对于死的挣扎，却往往已经力透纸背；女性作者的细致的观察和越轨的笔致，又增加了不少明丽和新鲜。

在 1936 年 5 月接受美国记者埃德加·斯诺的采访时，鲁迅更直白地表达了他对萧红的偏爱：“田军（萧军）的妻子萧红，是当今中国最有前途的女作家，很可能成为丁玲的后继者，而且她接替丁玲的时间，要比丁玲接替冰心的时间早得多。”当时，除了萧红以外，还没有哪位青年作家能得到鲁迅如此高的评价。

《生死场》出版后持续热销，尽管当局不断查禁，然而越是查禁，越是受到读者的追捧。这不仅因为它是当时备受推崇的左翼文学和抗战文学，更因为它对生命状态的刻画，对心灵的关注，对人生意义的追问和探寻引起了读者的强烈共鸣。一直到今天，《生死场》依然久盛不衰。

这部小说的成功，让萧红备受鼓舞。1936 年，25 岁的萧红迎来了创作的喷发期，连续出版了散文集《商市街》（1936 年 8 月）和小说散文合集《桥》（1936 年 11 月），这两部作品均被巴金编入“文学丛刊”。

《商市街》收录了散文 41 篇，这些文字是萧红和萧军在商市街艰难生活的实录，既有对贫穷和饥饿的写实反映，亦有对女性心理的细致刻画，因受到读者的欢迎，出版一个月后又立即再版。

由于其“越轨的笔致”受到了鲁迅先生的青睐，萧红在新作中更大胆地发挥和发展了这一特色，逐渐形成了萧红式的独特风格。

1936 年 1 月，由胡风和聂绀弩负责编排的杂志《海燕》创刊，鲁迅先生亲笔为其题写刊名。《海燕》第一期出版当天，便售罄 2000 册。为了庆贺这一“胜利”，鲁迅、许广平携海婴邀请胡风夫妇、聂绀弩夫妇、萧军萧红夫妇、叶紫等在梁园饭店共进晚餐。这是二萧第二次应鲁迅之邀在梁园吃饭。前一次，他们还是两个初来乍到的文学青年，怀着惴惴不安的心情仰望着上海文坛；而这一次，他们已然成了知名作家，和文人圈里的好友们在此尽情畅饮。短短一年的时间，他们在上海的处境就有了如此戏剧性的变化，二萧深知，这一切都得益于鲁迅先生的帮助和提携。

萧红在《海燕》上发表了《访问》《过夜》等作品，皆是对哈尔滨往昔生活的纪实性回忆。可惜的是，《海燕》仅仅只出版了两期，就被当局书报检查部门查禁，被迫停刊。

在鲁迅的介绍下，萧红结识了更多左翼战线上的友人，包括冯雪峰、史沫特莱、鹿地亘和池田幸子夫妇等。她的交际面开阔了，她的生活和她的文学世界也因而更加丰富起来。

1935 年 7 月，罗烽、白朗夫妇从哈尔滨辗转来到上海，舒群在 1935 年春天获释后，也于 7 月抵达上海。这年夏天，上海聚集了一批东北籍作家，除以上三人外，还有剧作家塞克，翻译家金人，小说家李辉英、黑丁等。1936 年初，另一位东北作家端木蕻良也来到了上海，随后创作了长篇小说《大地的海》，并在郑振铎、鲁迅等前辈的帮助下，发表了《鹭鹭湖的忧郁》《爷爷为什么不吃高粱粥》等作品。这些作家的作品，多反映东北沦陷区人民艰苦的生活和反抗斗争，这是“九一八”事变以后，陆续流亡关内的东北籍作家第一次以群体的方式亮相上海文坛，并产生了广泛的影响——这便是中国现代文学史上著名的东北作家群的崛起。

毫无疑问，萧红和萧军是东北作家群中最杰出的作家，《生死场》和《八月的乡村》亦是这个群体中最具影响力和代表性的作品。

【附录】

黄源（1905—2003），名启元，字河清，浙江海盐人，著名俄语和日语翻译家。1920 年就读于嘉兴秀州中学，与翻译家朱生豪、作家茅盾是同学，后留学日本。1927 年进入上海劳动大学的编译馆工作。1931 年为上海新生命书店编辑“世界新文艺名著译丛”。1933 年进入《文学》杂志社担任编校。1934 年 8 月兼为《译文》杂志及“译文丛书”的编辑。1937 年抗日战争爆发，曾辗转于鄂、湘、桂等省进行抗日救亡的宣传。1938 年底在安徽参加新四军。1939 年加入中国共产党。先后编辑《抗敌》杂志、主编《抗敌报》及报告文学集《新四军一日》。1941 年皖南事变中突围抵达江苏盐城，任鲁迅艺术学院华中分院教导主任、华中局机关报《江淮报》副总编辑。

曹聚仁（1900—1972），浙江兰溪人，著名记者、作家。1922 年到上海，任教于爱国女中、暨南大学、复旦大学等校。曾主编《涛声》《芒种》等杂志。抗日战争爆发后，任战地记者，曾报道淞沪会战、台儿庄大捷等。1950 年赴香港，任新加坡《南洋商报》驻港特派记者。20 世纪 50 年代后期，在香港主办《循环日报》《正午报》等报纸。

第十四章
情断、梦碎

经济的宽裕和成名的荣耀，让二萧这对患难夫妻的生活总算步入了一条光明的坦途。但萧红却并没有来得及享受这份用多年苦难换来的荣光和喜悦。

人们常说“患难见真情”，但大多时候，这些有着患难真情的爱侣却是只能共苦，不能同甘。萧红和萧军的爱也没有摆脱这一宿命。

早在两人还住在哈尔滨商市街的时候，一个南方的姑娘就曾插足过这对爱侣的二人世界。

那天，萧军去学开车回来，对萧红说，他新认识了一个朋友，是个从上海来的中学生，过两天要到家里来。

过了两天，这位朋友果然来了。她漂亮、素净，脸上不涂粉，头发没有卷起来，只扎着一条漂亮的红绸带。她来的时候萧军不在家，她便和萧红闲谈起来。萧红不说话，只听这个姑娘说，她是因为在报上读到了萧军写的论戏剧的文章，觉得“论文做得很好”，于是托人介绍，认识了萧军。

这个年轻漂亮的姑娘名叫陈涓。与环境不同的人做朋友，萧红并不稀罕，她并不怎么留意这位陈小姐，而萧军却很快和她熟识起来。当晚，萧军回家，房东王家的三小姐也来了，她和陈涓是之前在舞场里认识的。家里立即热闹起来，三小姐把胡琴、口琴都拿过来，萧军和她们一起吹拉弹唱，又笑又闹，打成一片，丝毫没有发现自己已被冷落在一旁。

萧红看着有着西洋风情的王家小姐，看着美丽又素净的陈涓，看着自己的爱人和她们在一起忘乎所以的样子，便把所有的不快和不满都忍在了心里。

不论她乐意与否，陈涓常常到家里来和萧军谈天，有时也给萧军写信。一次，陈涓来家里吃饭，萧红在厨房里下面条，隐约听见外面萧军和陈涓在窃窃私语，等她端着面条出来，他们立即转换了话题。陈涓走时，萧红忙着收拾屋子，萧军出门去送她，萧红听见陈涓问:“有信吗？”屋外的两人小声谈论了几句，接着萧军很响亮地回答:“没有。”像是故意说给屋里的人听的。

后来陈涓回南方了，二萧的生活也恢复了相濡以沫的常态。萧红以为一切都过去了，便把这段疑虑深深埋在了心底。

殊不知，这段往事仅仅只是萧军出轨的前奏。

1934 年，二萧刚到上海不久，萧军便去陈涓家里拜访。此时陈涓身在沈阳，萧军虽未能见到她，但获知了她的去向。陈涓也通过家人的来信得知，萧军到了上海，而且来家里找过她。

1935 年春，陈涓在哈尔滨举行婚礼，萧军以自己和萧红的名义给陈涓寄去了贺信。

1936 年春，新做了母亲的陈涓带着孩子回上海省亲。为了报答萧军此前的拜访和贺信，她特意去萨坡赛路 190 号探望二萧，这里离她哥哥所住的萨坡赛路 16 号很近。已经做了妻子和母亲的陈涓，对二萧的回访仅仅只是出于友谊和礼貌，但她的到来，却点燃了萧军心中并未完全死去的旧情。对萧军这个至情至性的东北汉子来说，爱了就要在一起，不爱了就要分开，婚姻远不足以成为他的障碍。

萧军开始频繁地一个人去陈家。搬家到北四川路以后，离陈家远了，他依然不辞劳苦地去看望陈涓。萧军的态度让陈涓觉出了异样，她觉得很不安，却又拿他没有办法。萧军来了，她只能陪他坐在客厅里，常常没有什么话说，只是盼着他快些离开。一次，陈涓送萧军出门，萧军竟然回身在她的额角上吻了一下。

5 月 1 日，陈涓离开了上海。这一次，她的离开并没有挽回萧军对萧红的感情，相反，却仿佛是把萧军的心也一起带走了。

作为一个内心敏锐的女人，萧红虽然找不到萧军出轨的确凿证据，但她却能直觉地感到，这个男人正在一天天地离她远去。陈涓的再次出现，让他对她似乎越来越不在意了，他们之间的交谈似乎全然没有了往日的生气。

在压迫面前，萧红有她的坚强、勇敢与执着。然而在爱面前，她却永远只是一个内心柔软的弱女子。由于童年时期父母之爱的匮乏，她的一生都在如饥似渴地追逐哪怕是一滴温暖。

《八月的乡村》和《生死场》的出版，让萧军和萧红成为上海文坛上的新星。成名以后，随着经济收入的增加、社会地位的提高、社交圈子的扩大，萧军的世界广阔了、丰富了，他从落魄青年摇身变成了著名作家。可是萧红呢？高涨的文名之下，她似乎也变了，可是家庭在她心中的分量却从未减少，以至于一个男人的背叛，就会让她觉得仿佛失去了整个世界。

没错，对于文学青年、新式知识女性萧红来说，萧军不会是她的全部。可是，在遇见萧军以前，她除了腹中的孩子以外一无所有，在遇见萧军以后，萧军便理所当然地成了她的唯一。她苦，她怨，她恨，她怕……这些，没有了萧军，她就只能说给自己听，她只能把不尽的哀愁溶进酒里，灌进肚里，揉入肠中，在梦里沉沉地醉去。

带着颜色的情诗，
一只一只是写给她的，
像三年前他写给我的一样。
也许人人都是一样，
也许情诗再过三年他又写给另外一个姑娘！

昨夜他又写了一只诗，
我也写了一只诗，
他是写给他新的情人的，
我是写给我悲哀的心的。

我没有家，

我连家乡都没有，
更失去朋友，
只有一个他，
而今他又对我取着这般态度。

泪到眼边流回去，
流着回去浸食我的心吧！
哭又有什么用！
他的心中既不放着我，
哭也是无足轻重。

说什么爱情！
说什么受难者共同走尽患难的路程！
都成了昨夜的梦，
昨夜的明灯。

这些诗句，来自萧红生前从未公开发表过的组诗《苦杯》。她和萧军暴风骤雨般的狂恋不过就发生在三年多以前，那时的她哪里会知道，不过三年多的时间，萧军就可以如此轻而易举地狂恋上另一个女人。曾经，是他的爱，让她有了生的希望。但山盟海誓转眼间烟消云散，那如明灯一样的希望，从记忆里突兀地跳脱而出，刺得她双目生疼。她想哭，可是她让泪水流回眼眶，没有了爱人的肩膀和怀抱，这些流不完的泪还有什么意义呢？倘或早能知道爱情的短暂易逝，倘或早能知道今日的这番酸楚和苦闷，不如不要爱他那么深，不要爱得那么用尽全力、用尽整个生命吧……

那段日子，萧红常常独自一人去鲁迅家。本来他们搬到北四川路，靠近鲁宅，是为了萧军可以时常去帮忙，照应生病的先生。现在却反过来，成了许广平一人，既要照顾病中的鲁迅，又要陪伴、宽慰抑郁中的萧红。

许广平回忆说：

> 她有时谈得很开心，更多的是勉强谈话，而强烈的哀愁，时常侵袭上来，像用纸包着水，总没法不叫它渗出来。自然萧红女士也常用力克制，却转像加热在水壶上，反而在壶外面满都是水点，一些也遮不住。

无处排遣的忧思，压垮了萧红的身体。尽管她不愿虚掷光阴，但精神和身体状况的不佳，使她在创作上止步不前。眼见萧红越来越消瘦而苍白，黄源向萧军建议，可以让萧红去日本住一段时间。

这一建议，可以说正中二萧的下怀。两人都觉得，应该分开一段时间，只有暂时跳脱出现在的生活，才能更好地理清各自的感情，调整各自的心情和状态，从而才能为未来做进一步的打算。对于萧红来说，她更需要换一个环境，到一个全新的地方，抚平伤痛，休养身体，继续读书和写作。

二萧和黄源自上次在鲁迅先生请客的聚会上认识后，早已结为了要好的朋友。黄源的夫人许粤华当时正在日本攻读日文，萧红去了，彼此亦可以两相照应。

正当此时，萧红收到了一封张秀珂从东京寄来的信，弟弟告诉她，他现在正在东京念书。离家多年的萧红，自然也很想去见见久别的弟弟，于是立即回信给秀珂，告诉他自己将在7月下旬抵达东京。

定下行期以后，萧红去裁缝店做了新西装，也烫了头发。这一身新的形象或许不及过去的朴素大方，却彰显了萧红的决心——她要与过去那个低迷、消沉的自己彻底告别，以一个全新的姿态去迎接新的生活。

1936年7月15日，鲁迅在家中设宴为萧红饯行，许广平亲自下厨治馔。重病中的鲁迅勉强撑持起身体，坐在藤椅上，对即将离开他的孩子反复叮嘱一些去日本的注意事项。

7月16日，黄源和萧军又单独为萧红饯行。饭后，三人一起去照相馆拍了张合影。照片里的萧红，卷发，穿一身格子布旗袍，浅笑着，微微皱起的眉头流露出一丝淡淡的哀愁。

照片的背面，留下鲁迅先生的题字：

悄于一九三六年七月十七日赴日，此影摄于十六日宴罢归家时。

即便是短短的一句话里，依旧可见一位慈父的影子。

萧红不曾想到，这次饯行，竟是她与先生最后的晚餐。

1936年10月19日，鲁迅逝世。萧红依然在异国他乡孤独地漂泊，她敬之如父的先生却再也看不到她的孤独，听不到她的哭声了。

第十五章
潇潇冷雨异国行

按照萧红和萧军的约定：她去日本，他去青岛，暂时以一年为期，到时再到上海聚合。

1936 年 7 月 21 日，萧红抵达东京，租居在离黄源夫人许粤华不远的地方。安顿好以后，她立即给秀珂写信，约他三天后的下午 6 点在一家饭馆见面。

那天，她特地穿了一件红衣裳，5 点就坐在饭馆里等待，一直等到 6 点半，仍然不见秀珂的踪影。第二天，她便去秀珂的住处找他，房间里挂着竹帘，帘内静悄悄的，像是弟弟在里边睡午觉。然而房东老婆婆却告诉她，张秀珂在月初就已经离开东京了。

在日本，萧红最先迎来的就是铺天盖地无处逃遁的孤独，这恰恰是伤害她最深，也是她最无力抵御的东西。萧红 18 岁时失去了唯一疼爱她的祖父，20 岁时逃离了家乡，此后又遭遇了独自流浪哈尔滨，被汪恩甲背弃，险些被旅店老板卖入妓院抵债等种种坎坷。那种无亲无故、孤身一人的无助感成了她记忆深处无法弥合的创伤，哪怕是和萧军在一起，她也摆脱不了恐惧，害怕自己有一天会再度陷入孤独的境地。

曾经住在拉都路南段时，二萧除了平时睡的床铺之外，又借到一张小床。因为萧红容易失眠，为了不干扰彼此的休息，她自告奋勇地到那张小床上去睡。临睡时，还欢乐地和萧军道了“晚安”。正当萧军朦朦胧胧将要睡去，忽然被一阵抽泣声惊醒了。他急忙扭亮灯，奔到她的床前，以为她生病了，便把手按到她的前额上，问:“怎么了？哪里不舒服吗？”

想不到萧红竟没有回答，而是把脸侧过去，想掩饰自己的泪水。萧军又扯过她的一只手来寻找脉搏，萧红把手抽了回去，说：“去睡你的吧！我什么病也没有！”

“那为什么要哭？”萧军问。

萧红竟咯咯地憨笑起来，接着说：“我睡不着！不习惯！电灯一闭，觉得我们离得太遥远了。”说着，眼泪又涌出来。

彼时，两个人在同一间房里，只不过一个睡在东北角，一个睡在西南角，萧红都会觉得“离得太遥远”。而今，她与萧军不仅隔着茫茫大海，两颗心之间也生出了一段疏远的距离，她靠什么来消磨，靠什么来忍受初到异国时的孤独呢？

夜间：这窗外的树声，

听来好像家乡田野上抖动着的高粱，

但，这不是。

这是异国了，

踏踏的木屐声音有时潮水一般了。

日里：这青蓝的天空，

好像家乡六月里广茫的原野，

但，这不是，

这是异国了。

这异国的蝉鸣也好像更响了一些。

这里真的是异国了。

只有她一个人的寓所，只有她一个人的夜晚。电灯是蓝色的，深夜醒来，一次次看到发蓝的墙壁，听到蚊虫在帐外的嗡嗡鸣响。黎明前的街道太静了，仿佛还在沉睡中。她在席子上走着，抽一根香烟，喝一杯冷水，在桌前坐下，开始写作。

不久，太阳就照满了桌子，把桌子搬到墙角去，墙角没有风，她流了满头的汗。站起来走走，再回来看自己写的东西，已然觉得写不下去了。在席子上躺下来，一只蜜蜂飞来，她起身把它赶跑了。刚一躺下，树上的蝉又叫开了。

她穿起衣裳，去约许粤华吃午饭。粤华不在家，女房东对她说了一些什么，她一个字也听不懂。因为不敢一个人去日本食堂，怕被笑话，她去了中国饭馆。可是中国饭馆里的侍员也说的是日语，她只有跑到厨房去，直接跟厨子说自己想吃什么。

吃过午饭后，粤华仍然不曾回来。房东又对她说了些什么，依旧一个字也听不懂。晚上，她不再去找粤华吃饭了，自己去买了面包和火腿回到寓所里吃。

窗外雷声滚滚，像是要下雨了。然而她实在是寂寞，她害怕比白昼更长的夜晚。依旧只能去找粤华，因为她在东京再也没有别的朋友。

粤华依旧没有回来，依旧又听到房东说了一些听不懂的话。她落寞地回到寓所中。

夏夜的雨落下来。桌上只有一本《水浒》，一本胡风译的《山灵》。她自然是不愿去翻《水浒》的，可是在这样的心情下读《山灵》，就算是再有意义的书，又能读出什么意义来呢？

雨停了，街灯照在树叶上，像萤火虫的光，过了一会儿，光灭了，树叶漆黑了。雨又开始下了。黑夜包围了一切，一切都静下来，只听到滴滴答答落在屋瓦上的雨声。

于是她又放下了帐子，又打开了蓝色的电灯。一个无眠的长夜又开始了。一个寂寞的白天又开始了……

这便是萧红初到日本时孤独的生活——闷热的夏天，没有可以看的书，没有可以讲话的人，没有认识的路，也不会说日语。面对着这生疏的一切，她能做的只有两件事：一是给萧军写信，二是埋首潜心创作。

从萧红写给萧军的信里可以看出，尽管萧红不满萧军在感情上的“游离”，但她对萧军的爱依然体贴入微，无微不至——

“你的身体这几天怎么样？吃得舒服吗？睡得也好？”（第一封信）

“你的药不要忘记吃，饭少吃些，可以到游泳池去游泳两次，假若身体太弱，那么到海上去游泳更不能够了。”（第一封信）

“第一件你要买个软枕头，看过我的信就去买！硬枕头使脑神经很坏。你若不买，来信也告诉我一声，我在这边买两个给你寄去，不贵，并且很软。第二件你要买一张当作被子来用的有毛的那种单子，就像我带来那样的，不过更该厚点。你若懒得买，来信也告诉我，也为你寄去。还有，不要忘了夜里不要（吃）东西。”（第五封信）

“大概你又忘了，夜里又吃东西了吧？夜里在外国酒店喝酒，同时也要吃点下酒的东西的，是不是？不要吃，夜里吃东西在你很不合适。你的被子比我的还薄，不用说是不合用的了，连我的夜里也是凉凉的。你自己用三块钱去买一张棉花，把你的被子带到淑奇家去，请她替你把棉花加进去。如若手头有钱，就到外国店铺买一张被子，免得烦劳人。”（第三十二封信）

她也深深想念着萧军，才离开上海不到十天，她就被相思紧紧攥住——

“我留在家里想写一点什么，但哪里写得下去，因为我听不到你那登登上楼的声音了。”（第二封信）

从萧红在日本期间与萧军的书信往返来看，萧红在繁忙的写作和学习之余，曾频繁地给萧军寄信，相比较而言，萧军给她的回信则要少得多。有时，萧红也会有轻微的怨言：

> “你怎么总也不写信呢？我写五次你才写一次。”（第十一封信）

在单调而寂寞的日子里，等待萧军的来信，或许构成了萧红生活中最大的波澜起伏。

分别离开上海以后，二萧之间的感情关系正如萧军在回忆中所说：

> 我也在想念她……这所谓：“心有灵犀一点通”，也如一个小令上所说的：“一块泥巴，捏两个娃，男娃和女娃；又把它们揉到了一起，再捏两个娃，这时候她的身中有了我，我的身中也有了她……”（大意如此，这可能是元朝赵松雪写的，记不确了。）这也就是当时我们的关系和实情。又如两个刺猬在一起，太靠近了，就要彼此刺得发痛（因为彼此身上全有刺）；远了又感到孤单（这可能是鲁迅先生说过或写过的，也记不确了）。这也是我们当时的关系和实情。

1936年8月，萧军到了青岛。萧红收到萧军从青岛寄来的信，因为爱人的健康和快乐，也由于自己已逐渐适应了新的环境，她的心情慢慢变得好起来。转眼来日本已快一个月了，一年中已混过一月，她不想再继续混日子，于是激励自己打起精神，投入到写作事业中。此后接连从日本寄回文章，发表在国内的刊物上。

日子依旧是寂寞。眼下一个人住一间房子，让萧红不由得想起曾经困居东兴顺旅馆的生活，同样是很少出门，也几乎不说话，唯一的不同就是现在有了稿费，不必再为钱发愁。可是有钱除了能够有饭吃之外，似乎也买不到别的趣味。

由于黄源的父亲病重，再加上钱不够用，许粤华决定8月27号回国，自此以后，萧红在日本再也没有熟识的朋友了。

她生病了，口干、胃痛、头痛、疲乏，一连几天发烧，烧得骨节都酸了，心脏过量地跳，全身的血液在冲击……但她靠着顽强的毅力最终战胜了病痛。一旦身体和精神稍微好一些，又立即投入了工作。

在8月30号写给萧军的信中，她说："二十多天感到困难的呼吸，只有昨夜是平静的，所以今天大大的欢喜，打算要写满十页稿纸。"

第二天，她果然兴奋地向萧军报喜："不得了了！已经打破了纪录，今已超出了十页稿纸。我感到了大欢喜。"

9月2日，她突然剧烈地腹痛，从早上十点一直痛到下午两点，没有人给她买药，她痛得全身发抖，可是依然惦记着自己的稿子："稿子到了四十页，现在只得停下，若不然，今天就是五十页，现在也许因为一心一意的缘故，创作得很快，有趣味。"

9月5日，她的腹痛总算好了，虽仍在发烧，可是心里觉得很满足，因为"一个半月工夫写了三万字"，而且"自己觉得写得不错，所以很高兴"。

9月14日，萧红开始在东京的东亚补习学校学习日语。由于课业压力大，她写作的时间变少了，但依然坚持笔耕不辍。

从1936年7月抵达东京，到1937年1月启程离开日本，在这半年的时间里，萧红创作了散文《孤独的生活》《家族以外的人》，以及小说《牛车上》《红的果园》《王四的故事》，这五篇文章结集为《牛车上》，作为巴金主编的“文学丛刊”第五集第五册，1937 年 5 月，由文化生活出版社出版。1936 年 12 月 12 日，她写下自传性散文《永久的憧憬和追求》，表达了对祖父的追悼，以及对温暖和爱的渴求。

组诗《沙粒》也是萧红在旅日后期断断续续完成的。1936 年 11 月 24 日，她在信中对萧军说：“现在我随时记下来一些短句，我不寄给你，打算寄给河清，因为你一看，就非成了‘寂寂寞寞’不可，生人看看，或者有点新的趣味。”直到回国前，萧红共写下 34 段短句，命名为“沙粒”，1937 年 6 月 15 日发表在《文丛》月刊上。这些诗句短小、自由、含义深刻而富有哲理，是萧红生平成就最高，且最有价值的诗歌作品。

在日本，萧红的身体状况并没有得到明显改善，反而因为越来越频繁的发烧、头痛和胃痛，她变得更加孱弱苍白。写作这些作品的过程亦是她不断与病魔相抗争的过程。正如萧军所说，她是以自己的生命来对待文学事业的，这也正是她很快熄灭了生命之火的重要原因。

半年来，萧红一个人孤独地写作，孤独地生活，孤独地应对病痛和各种突发事件。在这个短暂而漫长的过程中，她渐渐学会了与孤独相处。这段难得的经历锻炼了萧红的心灵，使得她在回国以后，减少了对萧军的依赖，有了更加强烈的女性意识。

第十六章

痛失 L. 先生

1936 年九十月间，萧军从青岛出发，赴张店和天津短暂旅行数日，其后便回到了上海。

二萧分别时曾经约定，为了减少鲁迅先生回信的劳顿，两人离开上海后都不要给先生写信。然而鲁迅却很记挂萧红，在 1936 年 10 月 5 日写给茅盾的信中，他说："萧红一去以后，并未给我一信，通知地址；近闻已将回沪，然亦不知其详……"

远在他乡的萧红并不知道，她敬重、爱戴，视之如父亲的先生已然生命垂危。

10 月 17 日，病魔袭来，一夜未眠。

10 月 18 日，依旧终日气喘。

10 月 19 日凌晨，天将发白时，鲁迅病逝于上海大陆新村 9 号寓所。

萧红并未在第一时间得知消息，在 10 月 20 日写给萧军的信中，她似乎依然怀着愉悦的心情写道：

“我这里很平安，绝对不回去了。胃病已好了大半，头痛的次数也减少。至于意外，我想是不会有的了。”

“6 元钱买了一套洋装（裙与上衣），毛线的。还买了草褥，5 元。我的房间收拾得非常整齐，好像等待着客人的到来一样。草褥折起来当作沙发，还有一个小圆桌，桌上还站着一瓶红色的酒。酒瓶下面站着一对金酒杯。大概在一个地方住得久了一点，也总是开心些的，因为我感觉到我的心情好像开始要管到一些在我身外的装点，虽然房间里边挂起一张小画片来，不算什么，是平常的，但，那需要多么大的热情来做这一点小事呢？非亲身感到的是不知道。我刚来的时候，就是前半个月吧，我也没有这样的要求。”

“报上说是 L. 来这里了……？”（第二十二封信）

因为心情好起来，她又有了爱美的愿望，给自己买了新衣服，也把自己的小屋子装饰得更舒适、更温馨。这里平静的生活，让她愿意长住下去了。她甚至还在天真地问着，是不是鲁迅先生要来这里了？她不知道，上天施舍给她的欢乐总是那么少，在她还沉浸在美好的愿景中时，一个最沉痛的噩耗已然向她袭来。

10 月 21 日，萧红隐隐约约从报上得到消息，只是不敢相信，在唯一的熟人的劝慰下，她只当是自己日文不好，把意思理解错了。

然而 10 月 23 日，她读到了一份中国报纸，看到确凿无疑的白纸黑字和鲁迅先生的遗容，那一刹那，她几乎要被哀恸击倒。

止不住的泪水模糊了视线，三个月前，鲁迅先生为她饯行的情景依稀浮现在眼前：先生坐在藤椅上，叮嘱她说："每到码头，就有验病的上来，不要怕，中国人就专会吓唬中国人，茶房就会说：验病的啦！来啦！……"可是现在，这位帮助她、提携她、疼爱她的长者，已经永远地离她而去了。

前几天她还说着"绝对不回去了"，而读到噩耗的这一刻，她却想立即"一步踏了回来"。

萧红确知消息的那一天，正是上海各界公祭鲁迅的日子，在那前后，萧军忙于丧仪的种种事务，没有时间，更没有勇气写信给萧红。但在16个青年作家联名集体敬献给鲁迅先生的花圈挽联上，萧红的名字亦位列其中。

鲁迅的突然逝世，让萧红的精神受到了沉重的打击，她又开始发烧，对祖国的思念也与日俱增：

"这几天，火上得不小，嘴唇又全烧破了。其实一个人的死是必然的，但知道那道理是道理，情感上就总不行。我们刚来到上海的时候，另外不认识更多的一个人了。在冷清清的亭子间里读着他的信，只有他，安慰着两个漂泊的灵魂！……写到这里鼻子就酸了。"（第二十五封信）

"不敢说是思乡，也不敢说是思什么，但就总想哭。"（第二十五封信）

"因为夜里发烧，一个月来，就是嘴唇，这一块那一块的

破着，精神也烦躁得很，所以一直把工作停了下来。想了些无用的和辽远的想头。”（第二十九封信）

曾经，鲁迅先生的信是她和萧军初到上海的日子里唯一的安慰，而现在，天水相隔，她却不能为先生做任何事情，这怎能不让她心痛呢？

得知先生去世后，萧红最担心的就是许广平和海婴，她不断在信里向萧军询问母子俩的情况：

“孩子还小，还不能懂得母亲。既然住得很近，你可替我多跑两趟。别的朋友也可约同他们常到她家去玩，L. 没完成的事业，我们是接受下来了，但他的爱人，留给谁了呢？”（第二十六封信）

“关于回忆 L. 一类的文章，一时写不出，不是文章难作，倒是情绪方面难以处理。本来是活人，强要说他死了！一这么想，就非常难过。许，她还关心别人？她自己就够使人关心的了。”（第二十八封信）

“许的信，还没写，不知道说什么好，我怕目的是想安慰她，相反的，又要引起她的悲哀来。你见着她家的那两个老娘姨也说我问她们好。”（第三十封信）

“周先生的画片，我是连看也不愿意看的，看了就难过。海婴想爸爸不想？”（第三十二封信）

1936年冬天，张秀珂从东北来到上海，萧军帮助他安排了住处。

1937年1月9日，萧红从东京转道横滨，搭乘日本游轮秩父丸号回国。1月13日，抵达上海汇山码头。游子飘零归来，迎接她的，不再是鲁迅先生慈祥的面容和明朗的笑声，而只有上海的冬日，比往日更加阴冷黯淡。

见到久别的弟弟，萧红冰凉的心中或多或少吹进了些许暖风。她问秀珂："你同家脱离关系了吗？"秀珂只好承认说："我是偷着跑出来的。"他向姐姐讲起家里的情况，萧红只是淡淡地说："那个家不值得谈了。"

二萧住进吕班路256弄一家由俄国人经营的家庭公寓，当时许多流亡的东北作家也集居在这里。安顿下来后，萧红便要去祭拜鲁迅先生。离开上海以前，曾无数次去先生家里谈天、吃饭，想不到回来以后，竟只能去万国公墓拜望先生了。短短半年，对她来说却恍若隔世，仿佛始终想不通，为什么只能到这里来见先生呢？

从墓地回来，萧红写下悲痛欲绝的《拜墓诗》：

跟着别人的足迹，
我走进了墓地，
又跟着别人的足迹，
来到了你的墓边。

那天是个半阴的天气，
你死后我第一次来拜访你。

我就在你的墓边竖了一株小小的花草，
但，并不是用以招吊你的亡灵，
只是说一声：久违。

我们踏着墓畔的小草，
听着附近的石匠钻刻着墓石，
或是碑文的声音。

那一刻，
胸中的肺叶跳跃起来，
我哭着你，
不是哭你，
而是哭着正义。

你的死，
总觉得是带走了正义，
虽然正义并不能被人带走。

我们走出墓门，
那送着我们的仍是铁钻击打着石头的声音，
我不敢去问那石匠，
将来他为着你将刻成怎样的碑文？

离开半年了。回到熟悉的上海，她只想和先生说一声：久违。

第十七章

白月的当儿

旅居日本时，萧红曾在给萧军的一封信里写道：

窗上洒满着白月的当儿，我愿意关了灯，坐下来沉默一些时候，就在这沉默中，忽然像有警钟似的来到我的心上：“这不就是我的黄金时代吗？此刻。”于是我摸着桌布，回身摸着藤椅的边沿，而后把手举到面前，模模糊糊的，但确认定这是自己的手，而后再看到那单细的窗棂上去。是的，自己就在日本。自由和舒适，平静和安闲，经济一点也不压迫，这真是黄金时代，但又是多么寂寞的黄金时代呀！别人的黄金时代是舒展着翅膀过的，而我的黄金时代，是在笼子过的。从此我又想到了别的，什么事来到我这里就不对了，也不是时候了。对于自己的平安，显然是有些不惯，所以又爱这平安，又怕这平安。（第

二十九封信）

萧红所说的“黄金时代”，指的不仅是人一生之中的黄金年华，对她来说，亦是指这段不必为钱发愁的安稳的日子。

这个女人的一生，经历过太多的苦难与艰辛。饥饿、贫穷、病痛，这些对大多数人来说只是生活的变奏，而对萧红而言，却更像是人生的主旋律。正因为此，“自由和舒适，平静和安闲，经济一点也不压迫”才显得弥足珍贵。然而，“什么事来到我这里就不对了”，罕见的稳定和宽裕的生活，让她觉得不习惯，甚至心有不安，一个受过太多苦的女人，在舒适面前总是卑微的，总觉得自己配不上任何稍微好一些的东西，哪怕是短暂地得到了，或许也终将会失去。“又爱这平安，又怕这平安”，不过是因为与其得到了又失去，倒宁可从未拥有这份平安。

命运给予萧红的“黄金时代”确实太短了。她踏上了归国的旅途，新的折磨已在不远处等待着她。

早在萧红归国以前，鲁迅逝世后的一段时间里，萧军、黄源和黄夫人许粤华一道忙于治丧和纪念活动。在每日频繁的接触中，萧军与密友的妻子发生了有违道义的恋情。这让萧军、黄源、许粤华三人都异常痛苦。由于清楚地知道没有结合的可能，萧军和许粤华都同意结束这段无结果的恋爱，并促使萧红尽快回国，这也是萧军几度写信劝萧红回国的真实原因。而萧红却并不知情，在复信中不断地表示出想在日本多留一段时间的愿望。

现存的萧红在日本期间寄出的最后一封信写于1937年1月4日，

信中只对萧军说:“新年却没有什么乐事可告，只是邻居着了一场大火。我却没有受惊，因在沈女士处过夜。二号接到你的一封信，也接到珂的信。这是他关于你(的)鉴赏。今寄上。”除了报平安并寄上弟弟秀珂对萧军的鉴赏之外，并没有提及任何关于将要回国的事。五天以后，萧红为何改变主意，突然提前回国？其详细原因我们在今天已经无从知晓，只能凭常理揣测，或许是因为她得知了自己的爱人和闺密之间发生的故事。

萧军和许粤华的恋情，确实是理智地中断了。但这并不意味着萧军与萧红的关系可以和好如初。一方面，经过了萧军的两次出轨，二萧之间的隔阂越来越深。而许粤华更不同于陈涓，她是二萧的密友黄源的妻子，也是萧红的好朋友，有了这几层关系，她与萧军的两情相悦无疑对萧红造成了更大的伤害。另一方面，萧军与许粤华的恋爱绯闻，在朋友之间早已成了公开的秘密，萧红回国后，在社交场合中不断遭遇的尴尬局面，也一次又一次地刺痛着她敏感而要强的心。

对于萧军和许粤华来说，想要在短时间内忘掉彼此也并非易事。即便两人不在一处，在心里也难免会彼此牵念。萧军曾坦言，他与许粤华结束这段恋情，“并不能说彼此没有痛苦”。甚至在萧红离世已六年后，萧军依然在文章里表示，他“深深系念着”许粤华的下落。而黄源和许粤华也在几年后离异，各自走上了不同的道路。他们分手的原因，想必与许粤华对萧军的念念不忘脱不开干系。

每天抬头不见低头见的二人，一个心生厌倦，一个心怀怨恨，表面上依然保持着亲密和谐，私下里的争吵却越来越频繁。萧红和萧军在性格上原本就存在着很多不相容之处，当他们集中全部精力用以维持生存时，这一切或许无从体现，而当生存的压力减退，他们想要追求各自的人生发展时，两人在人格取向和审美取向上的差异自然就会凸现出来。正如萧军日后所分析的那样：

> 我从来没把她作为“大人”或“妻子”那样看待和要求的，一直把她作为一个孩子—— 一个孤苦伶仃、瘦弱多病的孩子来对待的。
>
> 如果按音乐做比方，她如用一具小提琴拉奏出来的犹如肖邦的一些抒情的哀伤的，使人感到无可奈何的，无法抗拒的，细得如一根发丝那样的小夜曲；而我则只能用钢琴，或管弦乐器表演一些Sonata(奏鸣曲)或Sinfonia(交响曲)！钢琴和小提琴如果能够很好地互相伴奏、配合起来当然是很好的；否则的话，也只有各自独奏合适于自己的特点和特性的乐曲了。无论音量、音质或音色……它们全是不相同的。

萧红的内心敏感纤细，她需要的是一个细致、耐心而善解人意的男人的体贴；而萧军的个性粗直豪爽，他顾及不到女人心里的一些微妙的情绪。萧红自尊心强，她希望与自己的爱人平等地相处；萧军是大男子主义者，对于他来说，萧红与其说是妻子，不如说更像是孩子，他保护她的方式是武断甚至蛮横的。萧红坚韧隐忍，为了心爱的人，她愿意把委屈藏在心里，独自默默承受；而萧军率性不羁，有什么就说什么，心里想什么都表现在脸上，不喜欢拐弯抹角，更不喜欢费尽心思地去揣度。

在生活上，萧红是一个精明的主妇，对衣食住行都有精细、周全的安排；而萧军不拘小节，不喜欢萧红为一些吃食、衣物的小事唠叨，认为那是对生活自由的干涉，哪怕知道她是关心自己，也毫不领情。

从萧军晚年对萧红信简的注释来看，他自始至终都把萧红看作一个弱者。诚然，在她被汪恩甲背弃时，是他拯救了她；在她创作的起步阶段，是他指导了她。可是萧军却忽视了这个经他拯救、指导的弱女子，已经有了在异国他乡自食其力的能力，已经创作出了大量优秀的作品，甚至已经成为了一个更有才华和潜力的伟大作家。她怎么能容忍爱人始终以对待无知少女的方式对待自己呢？

萧军习武出身，本质上是一个军人，以军人的方式处理感情，久而久之，自然看不惯萧红的敏感小性儿；而萧红不愿做男人的附庸，自然也承受不起萧军的粗蛮暴躁。

据胡风的夫人梅志回忆，萧军与萧红的争吵曾一度发展到了家庭暴力的程度：

一个日本的进步作家来上海游历，特别想见见许广平先生和我们大家。在一间小咖啡室里，萧氏夫妇来了，还有另外几位。但是大家最奇怪和最关心的是萧红的眼睛，她的左眼青紫了很大一块，我们都不约而同地背着客人走到她身边轻声地询问：

“你怎么了，碰伤了眼睛？”

“好险呀！幸好没伤到眼球，痛不痛？”

“怎么搞的？以后可得小心呀！”

对这些好心的问话，她平淡地回答：

“没什么，自己不好，碰到了硬东西上。”她又补充一句，“是黑夜看不见，没关系……”

回答得虽然有点吞吞吐吐，但我们谁也没有不相信。

送走了客人，大家都一起在街上溜马路时，女太太们又好心地提起这事，主要是希望萧红以后要小心，萧红也一再点头答应我们。可是走在一旁的萧军忍不住了，他表现男子汉丈夫一人做事一人当的气派，说：

“干吗要替我隐瞒，是我打的……”

萧红仅淡淡地一笑：

“别听他的，不是他故意打的，他喝醉了酒，我在劝他，他一举手把我一推，就打到眼睛上了。”同时她还细声地告诉我：“他喝多了酒要发病的。”

“不要为我辩护……我喝我的酒……”

我们不好说什么，就这样各自走散了。

萧红在众人面前极力掩饰萧军打伤她的事实，不过是为了维护作为妻子的那点可怜的尊严，而萧军却连这一点面子都不愿意给她，这让旁观者看来都忍不住叹息。

多年以后，萧军在回忆中亦谈及自己对萧红的“暴力”举动，似乎是为了回应在这件事情上外界对自己的指责，他解释道：

记得在上海有一次横过“霞飞路”，我因为怕她被车辆撞倒，就紧紧握住了她的一条手臂。事过后，在她的这条手臂上竟留下了五条黑指印！

还有一次在梦中不知和什么人争斗了，竟打出了一拳。想不到这一拳竟打在了她的脸上，第二天她就成了个“乌眼青”。于是人们就造谣说我殴打她了，这就是“证据”！

有一次我确是打过她两巴掌。这不知是为了什么我们争吵起来了，她口头上争我不过，气极了，竟扑过来要抓我——我这时正坐在床边——我闪开了身子，她扑空了，竟使自己趴在了床上，这时趁机会我就在她的大腿上狠狠地拍了两掌——这是我对她最大的一次人身虐待，也是我对她终生感到遗憾的一件事，除此再没有了。

萧军进而说：

夫妻或男女之间的事情，第三者是难于判清真正、实质……的是非的，所谓“清官难断家务事”倒是经验之谈。除非你别有用心，别有目的……才喜欢在别人夫妇之间表示偏袒某一方。一般夫妻的事情只有他们自己去解决，别人，最好“管住你自己的舌头”。

萧军的这番谈论，固然有一定道理，然而，即便是轻描淡写的叙述，亦完全无法掩盖他对萧红的伤害。更何况，萧红孱弱多病的身体怎能经受得起武夫的重拳？

二萧的感情裂痕，让许广平和梅志都分外惋惜。这对作家夫妇的生活，刚刚风平浪静下来，又再次遭到了暴风雨的迎头袭击。在作品中，他们能深刻地书写出人生的疾苦，揭示人性人情，为何在现实中，却经营不好一个小小的二人世界呢？

精神上深重的屈辱和痛苦，再次加剧了萧红的胃痛和失眠。她无力再忍耐感情的创伤，只有再一次选择逃离。

1937年4月23日夜，萧军和张秀珂把萧红送上了北上的列车。就像前一次去日本一样，这一次，萧红也暗暗奢望，自己短暂的离开能换来萧军的平心静气，甚至回心转意。

这天夜里，萧军在日记中写道：

> 她走了！送她回来，我看着空旷的床，我要哭，但是没有泪，我知道，世界上只有她才是真正爱我的人，但是她走了！……

这句话，似乎一语成谶。

他知道，只有她才是真正爱自己的人，然而他却仿佛无法克制、一次又一次地伤害她。一面镜子一旦破了，就再难以圆满，这道深深的伤口不能弥合，也无法医治。

这一夜，他无能为力地看着她的背影渐行渐远。

终有一天，也许就在不远的将来，他依旧是这样无能为力地看着她永远地离去，再也没有回来。

第十八章
偏偏不解风情

萧红这次北上的目的地是北平。原本与萧军商量好，她先去北平住一阵，他过一段时间再来会合。但因为萧军最终不能成行，萧红也只好回到了上海。回沪的具体日期没有明确的记载，从二萧的往来信件推断，大致是在 5 月下旬。

萧红在北平共停留了 20 多天，这期间，她主要进行着两件事，一是对故友的拜访，二是与萧军的书信交流。

刚到北平不久，萧红就重逢了李洁吾。昔日与表哥离家出走，在北平上学期间，李洁吾就曾是萧红最好的朋友。而今，他已结婚生子，在北平的一所学校任教员。尽管多年未见，但李洁吾常能从书报上得知萧红的消息，二萧的作品他也几乎都有阅读。

二萧的老朋友舒群，这时亦漂泊在北平。他来李洁吾家找到萧红，二人都分外欣喜。在舒群的陪同下，萧红看了好莱坞的影片，听了富连成的京戏，也去了东安市场、王府井大街和长城游览。离开北平时，为了答谢舒群的友谊，萧红把经鲁迅先生修改过的《生死场》手稿送给了舒群。

这段日子里，再度分居两地的萧红和萧军都在尝试着弥补感情的裂痕。一方面，两人都牵挂、关心着对方。她依旧提醒他注意饮食，多吃水果，少喝酒。他则告诉她要多运动，振作精神。同时在工作方面他们也相互鼓励，那时萧红在计划着一部长篇小说，而萧军正在协助许广平整理鲁迅的文集。另一方面，他们也都在反省、剖析着自己的内心，希望借由真诚的沟通促进关系的改善。

萧红写道：

（5月4日）

我虽写信并不写什么痛苦的字眼，说话也尽是欢快的话语，但我的心就像被浸在毒汁里那么黑暗，浸得久了，或者我的心会被淹死的。我知道这是不对，我时时在批判着自己，但这是情感，我批判不了。我知道炎暑是并不长久的，过了炎暑大概就可以来了秋凉。但明明是知道，明明又做不到。正在口渴的那一刻，觉得口渴那个真理，就是世界上顶高的真理。

这几天我又恢复了夜里害怕的毛病，并且在梦中常常生起死的那个观念。

痛苦的人生啊！服毒的人生啊！

我常常怀疑自己或者我怕是忍耐不住了吧？我的神经或者

比丝线还细了吧?

我哭，我也是不能哭。不允许我哭，失掉了哭的自由了。我不知为什么把自己弄得这样，连精神都给自己上了枷锁了。

这回的心情还不比去日本的心情，什么能救了我呀！上帝！什么能救了我呀！我一定要用曾经把我建设起来的那只手把自己来打碎吗?

(5月9日)

如你所说:“为了恋爱，而忘掉了人民，女人的性格啊！自私啊！”从前，我也这样想，可是现在我不了，因为我看见男子为了并不值得爱的女子，不但忘了人民，而且忘了性命。何况我还没有忘了性命，就是忘了性命也是值得呀！在人生的路上，总算有一个时期在我的脚迹旁边，也踏着他的脚迹。总算两个灵魂和两根琴弦似的互相调谐过。

从这些话里可以看出，萧红的内心是痛苦的。她知道自己不应该总把事情往坏的方面去想，不应该太敏感，太杞人忧天。但很多时候，人生的困境正在于明明知道不对，但却难以改正。

然而，即便是痛苦，她依然看重爱情。只要他在她身边，只要两个灵魂协调地在一起，哪怕为了爱付出性命，她亦觉得无比值得。

她收到他的信会哭，她写信给他的时候也会哭。萧军知道她的痛苦，而他此时的痛苦，也并不比她少。

萧红离开的日子里，萧军在阅读《安娜·卡列尼娜》，他觉得书中写的沃伦斯基很像他自己，内心充斥着重重的矛盾。

萧军知道在许粤华这件事上，他深深地刺伤了萧红。他知道她爱他，而他也应该爱她，因为只有和她在一起，他才觉得安稳。他在竭尽全力挽回自己的心，也希望挽回她的心，挽回这段感情最初的默契。

在信里，他的口吻依旧温暖如昔。他亲昵地称呼她为“孩子”，他的落款总是“你的小狗熊”。这是属于他们两个人的爱称，他是小狗熊，笨而健壮；她是小麻雀，腿细、灵巧，走起路来一跳一跳。

和她一样，他也每天盼着她的信来，他也时时给她写信，总是写很长的信：

（5月2日）

我不怨爱过我的人儿薄幸，

却自怨自己的痴情！

吟，这是我作的诗，你只当“诗”看好了，不要生气，也不要动情。

吟，我这有过去两次恋爱——一个少女、一个少妇——她们给我的创痛，亲手毁灭了我呀！我真有点战栗着将来……关于黄，我已经不想闻问他们了，只是去过一封信，教他把经手的事务赶快结清。大约过些时日，他们会有信来。

（5月6日）

我现在的感情虽然很不好，但是我们正应该珍惜它们，这是给予我们从事艺术的人很宝贵的贡献。从这里我们会理解人类心理变化真正的过程！我希望你也要在这时机好好分析它，承受它，获得它的给予，或是把它们逐日逐时地记录下来。这是有用的。

（5月8日）

对无论什么痛苦，你总应该时时向它说：“来吧！无论怎样多和重，我总要肩担起你来。”你应该像一个决斗的勇士似的对待你的痛苦，不要畏惧它，不要在它面前软弱了自己，这是羞耻！人生最大的关头，就是死，一死便什么全解决了。可是我们要拿这“死的精神”活下去！使什么全变得平凡和泰然。只要你回头一想想，多少波涛全被我们冲过来了。同样，这眼前无论什么样的艰苦的波涛，也一样会冲过去，将来我们也是一样地带着轻蔑和夸耀的微笑，回头看着它们。

前信我曾说过，你是这世界上真正认识我和真正爱我的人！也正为了这样，也是我自己痛苦的源泉，也是你的痛苦的源泉。可是我们不能够允许痛苦永久啮咬着我们，所以要寻求、试验各种解决的法子。就在这寻求和解决的途程中那是需要高度的忍耐，才能够获得一个补救的结果。否则，那一切全得破灭！你也许会说破灭倒比忍受强些，不过我是不这样想的，凡事总应该寻求一个解决的办法，这才是人的责任，所谓理性的动物。否则闭起眼睛想要不看一切，逃避一切……结果是被一切所征服，而把自己毁灭了。凡事不能用诗人的浪漫的感情来处理，这是一种低能的、软弱的表现！自尊心强烈的人是不这样的。

萧军向妻子表白了爱意，也坦言了自己曾经的不忠。对黄源夫妇的事情，他表示不再闻问，言下之意，自己已痛改前非，因而希望妻子也能不计前嫌。

他的言辞是昂扬、激烈而乐观。他激情洋溢地告诉她，他们应该勇敢地直面问题，勇敢地战胜眼前的痛苦。这些话自有它们的道理，但这样长篇大论的开导和规劝，读来却更像是征战以前将军对士兵的鼓舞，热烈却不柔软。

萧军说不能用诗人的浪漫感情来处理问题，但事实上，处理感情的问题有时正需要这样一种浪漫的情怀。对待一个哭泣的、受了委屈的女人，男人所要做的绝不是拍着她的肩膀说“好好干”，而是要给她一个宽大的怀抱，温情地告诉她“有我和你在一起”。此时，萧红最想看到的是歉意，最想得到的是慰抚和疼惜，而这些，萧军都没有给她，或许不是不愿给她，只是偏偏不解风情。

20多天的鱼雁往返，完全敞开心扉的交流，或多或少抚平了一些两人心中的块垒，然而曾经朝夕相伴、同舟共济的缘分，已然大势已去，难挽狂澜。

第十九章

各自天涯

1937年5月，萧红离开北平时，将一些带不走的书物都寄存在李洁吾家中，并与李洁吾约定，今年秋天将和萧军一起前来拜访。李洁吾夫妇带着1岁大的女儿，在东安市场附近的一家菜馆为萧红饯行，而后一起去车站，将萧红送上了南下的列车。

这次送别，便是李洁吾最后一次见到萧红。他一直期待着萧红再来北平，然而，随着这年夏天全面抗战的爆发，受时局所限，萧红终其一生都没有践约。

萧红回到了上海。萧军在日记里写道：

吟回来了，我们将要开始一个新生活。

思而后做，多是不悔的。

做而后思，多是后悔的。

所谓要三思。我们常是犯第二种毛病，吟却不。

我现在要和吟走着这一段路，我们不能分别。

此时，两人都怀着重归于好的愿望，然而现实却事与愿违。重逢之后“小别胜新婚”的喜悦仅仅维持了不足一月。6月13日，他们就进入了冷战状态：

我和吟的爱情如今是建筑在工作关系上了。她是秀明的，而不是伟大的，无论人或文。

萧军说萧红“秀明”、不“伟大”，无非是在抱怨她的性格不像他一样大大咧咧，这种不满甚至已经直接影响到了他们之间的相处。

（6月25日）

《十月十五日》出版了，自己把每篇文章又重读了一遍，觉得自己运用文字的能力确是有了进步，无论文法或字句，全没有什么疵。文章内容也全很结实。可是吟说她对这本书全不喜欢。我想这是她以为她的散文写得比我好些，而我的小说比她好些，所以她觉得我的散文不如她。这是自尊，也是自卑的心结吧。

她近来说话常喜欢歪曲，拥护自己，或是故意拂乱论点，这是表现她无能力应付一场有条理的论争。

萧红有自己独立的创作和鉴赏理念，她不愿附和萧军，尤其当萧军对自己的作品过分自大时，她更应该为他指出缺点。然而萧军却带着对女性的成见，不假思索地直接排斥萧红的意见，把她的批评当作是自尊和自卑心结的表现。

然而，萧红在文学上的个性越来越张扬，而萧军却一直固守着对她的轻视，这让两人在精神层面渐行渐远。而许粤华的再次到来，则进一步引爆了两人之间的情感危机。

许粤华此时的不幸处境（婚姻变故，事业瓶颈，以及因绯闻而受到的舆论指责）引起了萧军的深切同情，而萧红对待爱人的旧情人却始终摆出一副不冷不热的态度，这让萧军很不快，于是故意对许粤华说：我将要和萧红分开了，但对于你的事情，我今后还会尽力帮助，请你明天十点再来。

萧红听到这些话，难过地哭了。萧军却教训她说："她并不是你的情敌，即使是，她现在的一切处境不如你，你应该忍受一段时间，你不能再这样伤害她……这是根据了人类的基本同情……"在6月30日的日记里，他写道：

和吟又吵架了，这次决心分开了。

女人的感情领域是狭小的，更是在吃醋的时候，那是什么也没有了，男人有时还可以爱他的敌人，女人却不能。

和萧红在一起五年了，萧军终究还是不了解女人。对于萧红来说，许粤华曾是她爱情的破坏者，曾带给了她内心深重的伤害，当这样一个人再次出现在自己的面前时，她怎么可能去热情地欢迎，甚至同情、帮助？萧军认为自己的要求是“根据了人类的基本同情”，殊不知这样的要求对任何一个女人来说都是过分的苛责，甚至是伤害。

这件事让二萧之间的隔阂进一步加深，此后他们之间的矛盾也不断加剧：

（7月24日）

她如今很少能不带着醋味说话了，为了吃醋，她可以毁灭了一切的同情！

（8月4日）

她，吟会为了嫉妒，自己的痛苦，捐弃了一切的同情（对X是一例），从此我对于她的公正和感情有了较确的估价了。原先我总以为她会超过于普通女人那样范围，于今我知道了自己的估计是错误的，她不独有着其他女人一般的性格，有时还甚些。总之，我们这是在为工作而生活了。

尽管两人仍然貌合神离地生活在一起，但萧军已然做好了分手的打算。这一次想到分手，他似乎很坚定，他已经不再为修复两人的关系做一丁点儿努力了。

（8 月 21 日）

对于吟在可能范围内极力帮助她获得一点成功，关于她一切不能改造的性格一任她存在，待她脱离自己时为止。

（8 月 23 日）

我此后也许不再需要女人们的爱情，爱情这东西是不存在的。

吟，也是如此，她乐意存在这里就存在，乐意走就走。

萧军没有主动和萧红提出分手，似乎是害怕因抛弃同患难的“弱女子”而背上一个“陈世美”的恶名。正如他对聂绀弩说：“我说过，我爱她；就是说我可以迁就。不过还是痛苦的，她也会痛苦，但是如果她不先说和我分手，我们还永远是夫妻，我决不先抛弃她！”

他不会先抛弃她，但他在等待一个分手的时机，等待她“自愿”地离开。

1937 年 7 月 7 日，卢沟桥事变，24 天后，平津沦陷。

1937 年 8 月 13 日，淞沪会战爆发，战局越来越紧张，上海眼见就要沦为孤岛。

1937 年 9 月 29 日，二萧带着几件简单的行李，永远地离开了上海，转赴当时还属于大后方的武汉。

1937 年 12 月 13 日，南京陷落，日军屠城。处于南京上游的沿江城市武汉危机四伏。

1938 年 1 月，阎锡山实行联共抗日的政策，为了培养抗日人才，在临汾创立了民族革命大学，二萧受聘前往山西任教。

1938年2月，日军向临汾展开进攻，刚刚创立不久的民族革命大学被迫撤往晋西南的乡宁。此时的二萧面临两种选择：其一，跟随民大师生一起撤退；其二，跟随丁玲的西北战地服务团去运城，那里亦设有民大的第三分校。在何去何从的问题上，他们再次产生了严重的分歧：萧军想要留下来和民大师生一起去乡宁打游击，而萧红希望有个宁静的创作环境，乡宁的前景在她看来势必动荡不安。

于是——

就这样决定了：让他们去运城，我留在临汾，一定要看个水落石出才能甘心，——我比他们强壮。

"你总是这样不听别人的劝告，该固执的你固执；不该固执的你也固执……这简直是'英雄主义'，'逞强主义'……你去打游击吗？那不会比一个真正的游击队员更价值大一些，万一……牺牲了，以你的年龄，你的生活经验，文学上的才能……这损失，并不仅是你自己的呢。我也并不仅是为了'爱人'的关系才这样劝阻你，以致引起你的憎恶与卑视……这是想到了我们的文学事业。"

"人总是一样的。生命的价值也是一样的。战线上死了的人不一定全是愚蠢的……为了争取解放共同奴隶的命运，谁是应该等待着发展他们的'天才'，谁又该去死呢？"

"你简直……忘了'各尽所能'这宝贵的言语；也忘了自己的岗位，简直是胡来！……"

“我什么全没忘。我们还是各自走自己要走的路吧，万一我死不了——我想我不会死的——我们再见，那时候也还是乐意在一起就在一起，不然就永远地分开……”

“好的。”

——这个分手的时机终于来临了。两人谁也说服不了谁，最终都决定，要走各自的路。

萧红凄然地对萧军说：“我知道我的生命不会太久了，我不愿在生活上再让自己吃苦，再忍受各种折磨了……”她知道萧军不会为她改变主意，但似乎还心有不甘地怀着一线希望，如果这个男人对她还有那么一丝怜惜的话，她的命在他的心里或许还能有些分量。

然而萧军依旧无动于衷。

在临汾火车站，二萧此生最后一次以伴侣的名义相别。车厢外的萧军递给车厢里的萧红两个刚买的梨，那一刹那，萧红仿佛预感到了什么，泪水潸潸而下，她抓住萧军的手，近乎哀求地说：

“我不要去运城了啊！我要同你进城去……死活在一起罢！在一起罢……若不，你也就一同走……留你一个人在这里我不放心，我懂得你的脾气……”

他们都知道，这一别意味着什么。

她依然爱着他。但他们最终还是永远地离开了对方的世界。

他把她托付给同行的聂绀弩照顾，自己去了乡宁，后来又辗转到延安。她则跟随西北战地服务团（简称西战团）到了西安。

直到去世，她再也没有回到他的身边。然而每每谈及他，想到他，她的心中总还会纠缠着深深的爱与怨：

“我爱萧军，今天还爱，他是个优秀的小说家，在思想上是个同志，又一同在患难中挣扎过来的！可是做他的妻子却太痛苦了！我不知道你们男子为什么那么大脾气，为什么要拿自己的妻子做出气包，为什么要对自己的妻子不忠实！忍受屈辱，已经太久了……”

殊不知，类似这样的话，他也说过：

“她单纯、淳厚、有才能，我爱她。但她不是妻子，尤其不是我的！”

这是一个解不开的死结，一直系在两个人的心坎上。年深月久，彼此消失在茫茫人海中，但死结仍在，隐隐的疼痛仍在，永远也化不开。

送走萧红后的第二天，萧军早晨醒来，发现女人常穿的那双小皮靴还放在屋里。四周空荡荡的，唯有那双棕红色的小靴子显得格外惹眼。毕竟余情未了，萧军不由自主地想起了女人穿着靴子时步履轻盈的样子。他把靴子包起来，附上一封短信，另将一些文稿、信件，一并交给对门准备当天去运城的同事，托其转交给萧红和丁玲。在信中，他像大哥哥一般对自己宠爱的小妹妹说：

红：

这双小靴子不是你所爱的吗？为什么单单地把它遗落了呢？总是这样不沉静啊！我大约随学校走，也许去五台……再见了！一切丁玲会照顾你……祝

健康！

军

然而，这封温情款款的信亦并没有挽回他们的爱情。

一年后的一天，萧红去看望胡风和梅志，那天梅志刚刚收到萧军寄来的信，信中还有一张他和新婚妻子的亲密合影。梅志把信和照片拿给萧红看，萧红仔细看了信，也看了照片，看了正面又看了反面，眼神格外专注。

一时间，她一声不响，脸上没有了血色，像石雕一般呆坐着。良久才醒过神来，就像逃避什么似地匆匆地走了。

她始终忘不掉他。或许，只有他才是她唯一真正爱过的男人，只有他才能占据她心目中丈夫的位置。

1938 年 4 月初，萧军到西安的当天，萧红就当众正式向萧军提出了分手的请求。她看着他，微笑着说：

“三郎——我们永远分开吧！”

“好。”萧军平静地回答。

她得到答复以后，便走出了屋子，没有任何纠纷，亦没有任何废话。六年的夫妻缘分，至此彻底终结，就像什么也没有发生过一样。

很快，萧红与端木蕻良南下武汉，5 月在汉口大同酒家正式举

行婚礼。萧军在西行途中与王德芬相识，旋即坠入爱河，6月2日在《民国日报》上登载订婚启事，5日正式结婚。

不知在婚礼上，当她牵着那个不是萧军的丈夫，当他拥着那个不是萧红的妻子，那一刻，他们会不会想起六年前的那个夏夜，他们在那间阴暗的储藏室里第一次紧紧相拥的情景？那时，他以为他可以和她白头偕老，她也以为他会是她终身的依靠。谁会想到，世事无常到这般，曾经那么轰轰烈烈的结合，却也只落得一个如此平凡的收场，曾经以为的天长地久，竟短得只有六年。

六年过去了，一切都结束了。

第二十章

在炮火烽烟中颠沛流离

卢沟桥事变后，张秀珂决定参加革命。他带着一封萧军写的介绍信去了陕北。自此一别，直到萧红去世，姐弟俩始终无缘再聚。

刚到西安时，秀珂与萧红、萧军还常有书信往来，然而一个月后，他跟随八路军部队渡河东下，从此便失去了姐姐和姐夫的音信。

1936 年 8 月 15 日，二萧的故友金剑啸在东北英勇就义，年仅 26 岁。在金剑啸的一周年祭日即将到来时，流亡在上海的东北作家纷纷撰文悼念，萧红亦写下情真意切的诗篇《一粒泥土》。

为了纪念革命英烈金剑啸，朋友们合力出版了剑啸生前留下的叙事长诗——《兴安岭的风雪》，并将悼念的诗文收录在书的附录中。

淞沪抗战爆发后，流落上海的日本左翼青年作家鹿地亘、池田幸子夫妇夹在交战两国之间，处境极其危险。萧红与鹿地夫妇曾通过鲁迅介绍认识，此后因翻译书稿的关系，日渐熟悉起来，她与池田幸子更是尤其要好的闺中女友。“八一三”事变的前夜，池田前来投奔萧红，第二天，鹿地也来到萧红和萧军的家中。为了朋友的安危，萧红冒着极大的风险掩护他们，给了他们最急需的帮助。

许广平回忆道：

> 战争的严重性一天天在增重，两国人的界限也一天天更分明，谣言我寓里是容留二三十人的一个机关，迫使我不得不把鹿地先生们送到旅舍。他们寸步不敢移动，周围全是监视的人们，没有一个中国的友人敢和他们见面。这时候，唯一敢于探视的就是萧红和刘军两先生，尤以萧先生是女性，出入更较方便，这样使得鹿地先生们方便许多。

为此，许广平在文中热烈地称赞萧红：

> 在患难生死临头之际，萧红先生是置之度外的为朋友奔走，超乎利害之外的正义感弥漫着她的心头，在这里我们看到她却并不软弱，而益见其坚毅不拔，是极端发扬中国固有道德，为朋友急难的弥足珍贵的精神。

开战以来，一方面上海的许多刊物被迫停刊，另一方面应时的抗战报刊也纷纷诞生。茅盾、巴金等人将当时最具影响力的杂志《文学》《文丛》《中流》和《译文》等刊物合并，创办了《呐喊》周刊，后又改名为《烽火》。

此时，胡风也有创办刊物的想法。1937 年 8 月底，他召集了一批左翼文人共同商议办刊事宜，在这样一个小型聚会上，萧红结识了同样来自东北的作家端木蕻良。

1937 年 9 月 11 日，由胡风主编的抗战刊物正式创刊，在萧红的建议下，刊名定为《七月》，每周出一期，大家义务投稿，暂无报酬。三周过后，由于战局日益紧张，《七月》的作者纷纷离开上海，商业联系和邮路也受到阻碍，刊物很难发到外地去。在这种情况下，胡风决定把《七月》转移到武汉继续经营。

1937 年 10 月，萧红和萧军紧随胡风之后来到江城武汉。下船时，两人偶然结识了诗人蒋锡金。当时，各地难民的不断涌入致使武汉的住房局势紧张，在锡金的热情邀请下，二萧便暂住在锡金所租的寓所——武昌水陆前街小金龙巷 21 号。

平日里，锡金早出晚归，有时甚至一整天都不在家，二萧因而有了独立的房间可以互不相扰地从事文学创作。萧红对锡金的生活也百般照顾，他在家里时，便主动为他做饭洗衣。

在胡风和二萧到武汉以前，聂绀弩、罗烽、白朗等人已先期抵达，做了一些办刊的准备工作。于是，10 月 16 日，在胡风的主持下，《七月》在武汉复刊，因条件所限，由每周一期改为每半月一期。由于《七月》正值鲁迅先生逝世周年之际复刊，故复刊后首期是鲁迅先生的纪念专辑。

萧红先后在《七月》上发表作品 10 篇，并参加了两次由胡风组织的《七月》文艺座谈会，在会上发表了自己对文艺创作的看法，给聚集在《七月》周围的作家同人们留下了很深的印象。

10 月下旬，端木蕻良在胡风和萧军的邀请下也抵达武汉，为了和这些有着共同志趣的朋友在一起，端木拒绝了亲戚家好意的邀请和优越的条件，来到小金龙巷与锡金、二萧一起生活。四人同吃同住，关系随和而融洽。

不久，漫画家梁白波来武汉做抗日宣传，因找不到合适的住房，也搬进了锡金小金龙巷的寓所。这样一来，只有让端木和二萧在里间挤一张大床，梁白波和锡金在外间分床而睡。

这段日子里，萧红、萧军和端木蕻良这三位东北青年作家常常在一起讨论创作，时而针锋相对，萧军依旧对自己喜欢的作品狂妄自大，不屑于接受萧红的意见，而端木蕻良却对萧红的作品大加称赞，在争吵中往往声援萧红的思想和主张。

端木的认可和欣赏，让萧红十分感动，亦觉得温暖。在端木的眼睛里，萧红看到的不是居高临下的救赎或指示，而是一个知心朋友的赞许——平等、热情而友善。她似乎意识到，有些东西是萧军永远不可能给她的，但却是她极度渴望和需要的。

搬离小金龙巷以后，萧红亦时常来看望端木，有时是和《七月》同仁或萧军一起来，有时则是自己一个人来，帮端木收拾屋子。兴致好的时候，两人还会一起出去找一家江边的小馆子，临窗而坐，共进晚餐。萧红越来越发现，自己和端木有太多的共同话题，而不论他们的看法是否一致，端木都会耐心地倾听她的诉说。她恍惚想起，萧军似乎许久没有这样听过她说话了，或许，他从来就不屑于知道女人心里到底在想什么。

一天，萧红独自来到小金龙巷，适逢端木不在家。她一个人坐在端木的房间里，看着那张曾是三人合睡的大床，不知为何，萧军和端木的形象竟交替浮现在她的眼前，一时间，她的心绪乱了。她相信自己爱的始终是萧军，可是，她也不愿回避自己内心的真实感受——和端木在一起的时光是快乐的，他的尊重、倾听、善解人意，让她体味到了一种久违的快乐。她久久理不清思绪，见桌上铺着毛边纸，便提起笔胡写乱画起来，不想无意间写下的竟是张籍的《节妇吟》:“君知妾有夫，赠妾双明珠。还君明珠双泪垂，恨不相逢未嫁时。”后一句还反复写了好几遍。

端木回到家时，萧红已经离开了。看到萧红留下的凌乱墨迹，端木心中自是感慨万千。她的话似在警醒他，他的理智也在告诉他，面对一个有夫之妇，必须压下心头的爱慕之情。可是，想要彻底埋葬一段萌发的爱，却又谈何容易呢?

萧红与端木之间关系的微妙变化，让萧军亦有所察觉。一次,《七月》同仁在小金龙巷聚会时，萧军故意提笔挥毫，练字赋诗，一边写还一边高声念道:“瓜前不纳履，李下不整冠。叔嫂不亲授，君子防未然。”胡风听见萧军的话中隐有怒意，连忙打断了他。

1938 年 1 月，山西临汾的民族革命大学招聘师资的消息传到了武汉。除了蒋锡金要编辑《战斗》，胡风要留守《七月》外，萧军、萧红、端木蕻良、聂绀弩等人都愿意去民大任教，为抗战出力。原本，晚几天民大会安排客车来接，但《七月》同仁抗日热情高涨，不愿再等，于是 1 月 27 日便和一些报名前去的学生一道，乘坐铁皮货车离开了武汉。

临行前,《七月》给每个人发了 60 元钱，聊作稿酬，以壮行色。

2月6日，经过10天的颠簸，一行人终于抵达了临汾。

在火车上，萧红认识了诗人田间，并与之结下了深厚的友谊。田间出生于1916年，比萧红小5岁，两人常常以姐弟相称。

刚刚草创的民大，除了设有一个校址，挂了一块牌子外，几乎没有做任何准备。学生却从四面八方源源不断地涌来，整个临汾县城成了一所大学，萧红这些从武汉招聘来的作家以及从全国各地慕名而来的学生都分散住在老乡家中。副校长李公朴发表致学生们的公开信，号召大家自己管理自己，自己管理学校。萧红等人担任文艺指导员，虽还未接到具体的安排，但已担负起文艺指导的使命，与学生一起谈创作、谈时局，激发学生救国的斗志。

不久，丁玲带领的西北战地服务团亦从潼关来到临汾，与从武汉来的作家挤住在一起。萧红与丁玲，这两位彼此闻名而素未谋面的著名女作家，就这样相逢在这个抗战前线的晋南小城。两人虽然性格不同，经历各异，却一见如故，彼此留下了一段美好的记忆，亦为现代文坛留下了一段佳话。

萧红去世后，丁玲曾在回忆文中感叹：

> 我是曾把眼睛扫遍了中国我所认识的或知道的女性朋友，而感到一种无言的寂寞，能够耐苦的，不依赖于别的力量，有才智有气节而从事于写作的女友，是如此寥寥呵！

言下之意，萧红正是这样一位与她惺惺相惜的女友。

在临汾期间，萧红与聂绀弩亦有了更多的接触。两人曾在1934

年 12 月鲁迅先生的宴会上认识，而后又先后从上海撤退到武汉，一起为《七月》撰稿，又一起应邀来到民大。此时，两人同住在一个院子里，朝夕相处，相聊甚欢，建立起了亲厚的兄妹之情。

聂绀弩赞赏萧红的才华，他对萧红说："萧红，你是才女，如果去应武则天皇上的考试，究竟能考好高，很难说，总之，当在唐闺臣前后，决不会和毕全贞靠近的。"

萧红却笑着回答："你完全错了。我是《红楼梦》里的人，不是《镜花缘》里的人。"

聂绀弩问："我不懂，你是《红楼梦》里的谁？"

"《红楼梦》里有个痴丫头，你都不记得了？"

"不对，你是傻大姐？"

"你对《红楼》真不熟悉，里面的痴丫头就是傻大姐？痴与傻是同样的意思？曹雪芹花了很多笔墨写了一个与他的书毫无关系的人。为什么，到现在还不理解。但对我而言，却很有意思，因为我觉得这个人物写的仿佛就是我。你说我是才女，也有人说我是天才的，似乎要我自己也相信我是天才之类。而所谓天才，跟外国人所说的不一样。外国人所说的天才是就成就说的，成就达到极点，谓之天才。例如恩格斯说马克思是天才，而自己只是能手。是指政治经济学这门学说的。中国的所谓天才，是说天生有些聪明、才气。俗话谓之天分、天资、天禀，不问将来成就如何。我不是说我毫无天禀，但以为我对什么不学而能，写文章提笔就挥，那却大错。我是像《红楼梦》里的香菱学诗，在梦里也做诗一样，也是在梦里写文章来的，不过没有向人说过，人家也不知道罢了。"

聂绀弩又说："萧红，你会成为一个了不起的散文家，鲁迅说过，你比谁都更有前途。"

萧红笑了一声："又来了！你是个散文家，但你的小说却不行！"

"我说过这话吗？"

"说不说都一样，我已听腻了。有一种小说学，小说有一定的写法，一定要具备某几种东西，一定写得像巴尔扎克或契诃夫的作品那样。我不相信这一套。有各式各样的作者，有各式各样的小说。若说一定要怎样才算小说，鲁迅的小说有些就不是小说，如《头发的故事》《一件小事》《鸭的喜剧》等等。"

"我不反对你的意见。但这与说你将成为一个了不起的散文家有什么矛盾呢？你又为什么这样看重小说，看轻散文呢？"

"我并不这样。不过人家，包括你在内，说我这样那样，意思是说我不会写小说。我气不忿，以后偏要写！"

"写《头发的故事》《一件小事》之类吗？"

"写《阿Q正传》《孔乙己》之类！而且至少在长度上超过他！"

听到萧红的叛逆之词，聂绀弩笑道："今天你可把鲁迅贬够了。可是你知道，他多喜欢你呀！"

萧红也笑着埋怨："是你引起来的呀！"

谈起鲁迅，她很认真地说："鲁迅小说的调子是很低沉的。那些人物，多是自在性的，甚至可以说是动物性的，没有人的自觉，他们不自觉地在那里受罪，而鲁迅却自觉地和他们一起受罪。如果鲁迅有过不想写小说的意思，里面恐怕就包括这一点理由。但如果不写小说，而写别的，主要的是杂文，他就立刻变了。从最初起，到最后止，他都是个战士、勇者，独立于天地之间，腰佩翻天印，手持打神鞭，呼风唤雨，撒豆成兵，出入千军万马之中，取上将首级如探囊取物！即使在说中国是人肉的筵席时，调子也不低沉。因为他指出这些，正是为反对这些，改革这些，和这些东西战斗。”

“依你说，鲁迅竟是两个鲁迅。”

“两个鲁迅算什么呢？中国现在有一百个，两百个鲁迅也不算多。”

聂绀弩问：“萧红，你说鲁迅的小说的调子是低沉的。那么，你的《生死场》呢？”

“也是低沉的。”萧红答道，她沉吟了一会儿，又说：“也不低沉！鲁迅以一个自觉的知识分子，从高处去悲悯他的人物。他的人物，有的也曾经是自觉的知识分子，但处境却压迫着他，使他变成听天由命，不知怎么好，也无论怎样都好的人了。这就比别的人更可悲。我开始也悲悯我的人物，他们都是自然奴隶，一切主子的奴隶。但写来写去，我的感觉变了。我觉得我不配悲悯他们，恐怕他们倒应该悲悯我咧！悲悯只能从上到下，不能从下到上，也不能施之于同辈之间。我的人物比我高。这似乎说明鲁迅真有高处，而我没有或有的也很少。一下就完了。这是我和鲁迅不同处。”

“你说得好极了。可惜把关键问题避掉了，因之，结论也就不正确了。”

“关键在哪里呢？”萧红问。

“你真没想到，你写的东西是鲁迅没有写过的，是他的作品所缺少的东西吗？”

“那是什么呢？”

“那是群众，那是集体！对吗？”

“你说吧！反正人人都喜欢听他所爱听的。”

聂绀弩笑着说：“人人都爱拍，我可不是拍你。”

萧红也笑道：“你是算命的张铁嘴，你就照直说吧！”

“你所写的那些人物，当他们是个体时，正如你所说，都是自然的奴隶。但当他们一成为集体时，由于他们的处境同别的条件由量变到质变，便成为一个集体英雄了，人民英雄，民族英雄。用你的话说，就不是你所能悲悯的了。但他们由于个体的缺陷，也还只是初步的、自发的、带盲目性的集体英雄。这正是你写的、你所要写的，正为这才写的；你的人物，你的小说学，向你要求写成这样。而这是你最初所未想到的。它们把你带到了一个你所未经历的境界，把作者、作品、人物都抬高了。”

“这听得真舒服！”

“你的作品，有集体的英雄，没有个体的英雄。《水浒传》相反，鲁智深、林冲、杨志、武松，都是个体英雄，但一走进集体，就被集体湮没，寂寂无闻了。《三国演义》里的英雄，有许多是终生英雄，在集体里也很出色，可是就在集体当中，他也是个体英雄。没有使集体变为英雄。其实《三国》里的英雄都不算英雄。不过是精通武艺的常人或精通兵法的智士。关键在他们与人民无关，与反统治无关，或反而是反人民的，统治人民的。他们所争的是对人民的统治权，不过把民国初期的军阀混战推上去千多年，而又被写得一表非俗罢了。法捷耶夫的《毁灭》不同，基本上是个人也是英雄，集体也是英雄，毁灭了更是英雄。但它缺少不自觉的个体到英雄的集体这一从量到质的改变。比《生死场》还差一点。”

“你说得真动听。你还说你不拍！”

“且慢高兴，马上要说到缺点了。不是有人说，你的人物面目不清，个性不明吗？我也有同感。但这是对小说、对作品应有的要求。如果对作者来说，我又不完全同意。写作的第一条守则：写你最熟悉的东西。你对你的人物和他们的生活，究竟熟悉到什么程度呢？你写的是一件大事，这事大极了。中国的民族革命、民主革命的成功，不可知，一定要经过无数的不自觉的个体到成集体英雄。集体英雄又反转来使那些不自觉的个体变为自觉的个体英雄。不用说，你写的是这件大事中的一件小事（大事是由无数小事汇集而成的）。但是你这作者是什么人？不过是一个学生式的二十二三岁的小姑娘！什么面目不清，个性不明，以及还有别的，对于你说，都是十分自然的。”

萧红连忙掩着耳朵说：“我不听了。听得晕头转向的。”一面说一面就跑了。

在民大，萧红看到许多和弟弟张秀珂差不多大的年轻人，他们快乐而活泼，一边工作，一边唱着歌。这里积极火热的生活景象深深地感染了萧红。她听说秀珂正在洪洞前线，便托人转给他一封信，原本以为过几天就可以见到弟弟，孰料阴差阳错，秀珂并没有收到信，姐弟俩分明相距不远，却最终失之交臂。

就这样，他们在哈尔滨错过了，在东京错过了，在山西又一次错过了，这对先后叛逃出旧家庭的姐弟来说，算是永远地分开了。

由于日军的逼近，萧红此行在临汾总共待了不到 20 天。在炮火烽烟中，在辗转颠簸的路途上，她依然笔耕不辍，创作了散文《记鹿地夫妇》。

2 月 24 日，萧红一行随丁玲的西战团抵达运城，随后又向延安进发。

在途中，西战团接到第十八集团军总部的命令，要去西安开展工作。于是，萧红等人亦随着西战团踏上了去西安的征程。

第二十一章
三郎，我们分手吧

在丁玲的建议下，萧红、端木蕻良、聂绀弩和塞克一起在去往西安的火车上为西北战地服务团构思出了一部话剧。抵达西安后，由塞克根据车上的记录，从一个戏剧导演的角度将其整理出来，取名《突击》。

《突击》讲述了山西农民在日本军队的侵略面前，被迫组织起来武装反抗的故事。经过两周的紧张排练，这部话剧于 3 月 16 日在西安上演，连演三天，场场爆满，带来了很大的轰动。

这次公演，不仅极大地鼓舞了士气民心，也因为公开售票，为西战团带来了一笔不小的进项。

在西安，萧红和丁玲一行人住在八路军办事处所在地七贤庄。在与众多新旧朋友的相伴和交往中，萧红找回了久违的自信和快乐。她感到自己不再是萧军的附属物，而是一个独立的个体，与大家平等地交流、探讨问题。这种感觉让她惊喜，亦让她无比珍视。

此时，萧红已觉察出自己怀上了萧军的骨肉，然而也是在此时，她做出了离开萧军的抉择。或许正是到西安以来的这段日子，让她思考明白，即便自己依然爱着萧军，也不能再和他一起生活，因为无论是在创作上还是在人格上，她都需要自由，需要自我，只有离开了萧军强势的“保护”，她才能不受束缚地按照自己的想法去活，活出一个真正的萧红来。

萧红这一生，有过两个孩子，两次都是在怀孕的时候与孩子的父亲决裂。前一次，是被汪恩甲和他的家庭遗弃；而这一次，却是她自己在深思熟虑后主动选择与萧军分手。曾经的她，没有任何收入来源，只能等待上天的拯救。而现在，她有能力不依靠任何人，有把握给自己一个像样的生活。孤独曾让她的心灵受到了重创，而在东京、在北平的经历磨砺了她，让她在孤独中变得更顽强，让她有勇气迎接新的孤独。她做好了一切准备，即便有了这个孩子，也决意要“抛弃”孩子的父亲。

1938 年 3 月下旬，丁玲要去延安述职，聂绀弩与她同行，原本萧红和端木蕻良也受邀同去，但为了回避萧军（此时萧军已在延安），两人决定仍留在西安。

萧红去车站为丁玲和聂绀弩送行。车站人潮拥挤，她远远地看到聂绀弩在车上向她做了一个飞的姿势，又用手指了指天空。

萧红懂得聂绀弩的意思，聂绀弩曾对她说过：“你要像一只大鹏金翅鸟，飞得高，飞得远，在天空翱翔，自在，谁也捉不住你。你不是人间笼子里的食客，而且，你已经飞过了。今天，你还要飞，要飞得更高，更远……”

她向聂绀弩点了点头，会心地笑了。但此刻，她的心里却是一团乱麻：“我是个女性，女性的天空是低的，羽翼是稀薄的，而身边的累赘又如此笨重！”“女性有着过多的自我牺牲精神。这不是勇敢，倒是怯懦，是在长期的无助的牺牲状态中养成的自甘牺牲的惰性。”

“我算什么呢？屈辱算什么呢？灾难算什么呢？甚至死算什么呢？”

……

她也想要飞，但同时却也有着一种强烈的感觉——她觉得她会掉下来。

端木曾对萧红说：“不愿意丢掉的那一点，现在丢了；不愿意多的那一点，现在多了。”

“不愿意丢掉的”，是指萧军；“不愿意多的”，自然是指萧军的孩子。端木了解此时萧红的处境，得知萧红想要与萧军分手，他似乎也在为她的命运感到惋惜。

丁玲和聂绀弩在延安果然遇到了萧军，在他们的劝说下，萧军加入了西战团，并随二人一起回到了西安。或许丁玲和聂绀弩此举，仍是有意撮合二萧破镜重圆吧。

萧红没有想到，自己终究还是没有躲过与萧军的相见，丁玲和聂绀弩也没有想到，他们费尽口舌劝回了萧军，但回报他们的不是二萧的和好，而是两人最后的摊牌。

见一面也好，现在把话说清楚了，以后就不必再见了。

萧红没告诉萧军自己有了他的孩子，不过萧军还是知道了。据说他后来曾以未出世的孩子为由挽留萧红，希望等孩子生下来以后再分手；或者，由他来抚养这个孩子。这一切，都被萧红拒绝了。

萧红一直回避着再和萧军单独接触。

萧军约她散步，她立即叫上端木同行，一路上三个人都不说话。快到莲湖公园了，她提议道："我们到公园里去走走吧。"萧军含着怒意说："这么晚了，到里边去干什么？"她有恃无恐地反抗道："端木，你跟我来！"

"你不能去！"萧军坚决地阻拦。端木没有跟去，似乎是在萧军的怒吼声中胆怯了。无奈，她只好一个人向林荫深处走去，眼前顿时一片漆黑。

她任性地继续走，仿佛是想告诉萧军，没有他在，她一样可以走自己的路。

但萧军的脚步声终究还是追上了她，她听到了这个男人焦急的呼唤："悄吟——悄吟——"

她藏在一棵大树后，不愿让他看见，而她的心却软了。萧军真的还爱她吗？他真的那么在乎她的安危吗？男人的呼喊声依旧此起彼伏。听着这熟悉的声音，她几乎就要走出去，扑进他的怀里说："三郎，我们回家吧。"

然而理智拦住了她——她再次告诉自己，不能做人间笼子里的食客，背叛、讥笑、打骂、屈辱，这些她都已经忍受够了。

她也清醒地知道，自己早已不再是那个悄吟，萧军也早已不再是那个三郎，纵使有爱，他们也永远回不去了……

她一直躲在树后，没有应声，直到他的脚步声和呼喊声离她远去，再也听不见了。

一天，萧军又来找她，要求她归还他写给她的所有信件，她什么也没说，默默地打开箱子，正要把用心留存的所有信件都拿出来，不料萧军一把将箱子合上，一屁股坐在上面，说：“我有话说。”她倔强地说：“我不听，若是你要谈话，我就走。”

他们吵了起来。她最终还是把信件还给了萧军，然而当她向萧军索要自己的信件时，却遭到了拒绝。

萧军以为，萧红之所以如此决绝，是因为她爱上了端木，他揪住端木，怒不可遏地说：“瞧瞧你那德行！”“我就是要好好教训教训你这小子！”他甚至下了战书，要与端木决斗，幸而萧红闻讯后及时制止。

事实上，在与萧军分手以前，萧红与端木的关系一直没有超越朋友的界限。但总算有一次，因为误会，她也让他懂得了被爱人背叛的感受，她也让他尝到了嫉妒的滋味。

端木蕻良本名曹京平，原籍辽宁昌图，1912 年出生于一个大地主家庭。“九一八”事变后，因在南开中学读书期间领导学生运动被校方除名，次年考入清华大学历史系，并加入北平左联。1933 年 8 月，北平左联遭到破坏，端木蕻良避居天津，创作了长篇小说《科尔沁旗草原》。郑振铎看后，曾给予高度评价，充满信心地预言：“出版后，予计必可惊动一世耳目！”然而，该书的出版并不顺利，直到六年之后才正式问世。1936 年初，端木蕻良到上海不久，便以叶之琳的化名给鲁迅去信，希望能与先生见面，但遭婉拒。此后，潜心创作了长篇小说《大地的海》，于 7 月中旬再以曹坪的名字给先生写信，并附上小说的两个章节。鲁迅很快回信，让他把全部书稿邮寄过来。

不久，鲁迅回信认为不错，但鉴于出版长篇一时不容易办到，要他赶快写些短篇。8 月 1 日，短篇小说《鸶鹭湖的忧郁》在郑振铎的推荐下发表于《文学》杂志，并第一次使用了“端木蕻良”这个名字。这篇小说得到了胡风的高度认可，这是端木蕻良步入文坛的第一步。鲁迅逝世前，曾将端木蕻良的短篇小说《爷爷为什么不吃高粱米粥》介绍到《作家》第二卷第一期发表。此后，端木蕻良在上海文化圈有了更多亮相的机会，自 1936 年 10 月至 1937 年 7 月间，他一共发表了 11 个短篇和一部长篇。

萧红最早的传记作者骆宾基曾说：端木蕻良不只是尊敬她（萧红），而且大胆地赞美她的作品超过了萧军的成就。在今天的读者看来，这一评价其实难以称得上赞美，因为这原本就是实情。但在当时，在萧红的创作潜力不断显露，却始终遭到萧军的轻视时，这样的赞美对于萧红来说无疑显得无比重要。

在萧红与萧军的抗衡过程中，是端木给了她最大的支持，让她逐渐远离了最初的弱势心理。端木身材瘦高，相貌清秀，说话和声细语，性格内向孤傲、文质彬彬，与萧军的粗犷、豪放及野性完全不同。尽管他的小资倾向和洋化做派让左翼文人圈的朋友们不以为然，但他心思细腻，不仅能欣赏萧红的才华，亦能理解她，尊重她的选择。他出身富贵家庭，在大都市接受教育，这样的成长经历与萧红相似，这也使得他们在很多问题上有着一致的观点，能够相互认同。

在丁玲与聂绀弩赴延安述职期间，留在西安的萧红与端木有了更多的交往。他们常常在一起聊天、散步，去小摊上吃小吃，或与朋友们一起游览西安的名胜古迹。两人又发现了新的投合之处，那便是对美术和书法的喜爱。端木最爱去的地方是碑林，一天，他与萧红来到唐代“同州三藏圣教序碑”前，讲起碑的历史、内容，每个字的特点，以及褚遂良疏瘦劲炼的书法风格，萧红认真地听着，对这个清华历史系出身的才子更为赞赏。

与萧军决裂后，萧红接受了端木的爱。端木也接受了病弱的萧红和她腹中的孩子——萧军的孩子。

两人对彼此的感情都是复杂的，或许连他们自己也说不清，他们为什么会结合在一起。

萧红爱端木吗？作为朋友，她喜欢他，他们有太多的相似之处，有太多说不完的话；可是作为爱人，她的心里已经有了一个豪放不羁的萧军，恐怕无法再装下一个与他截然相反的端木蕻良。

而端木呢？他对萧红早已生出爱慕之情，可是他真的应该娶她吗？他还从没有结过婚，何况萧红比他大，身体又不好，而且还怀着别人的孩子。

但无论如何，他们适得其时地出现在了彼此的生命里，适得其时地填补了彼此感情的空白。适得其时，或许就是命运的安排吧。

无论爱与不爱，她相信这个既仰慕她、又能体贴她的男人。

无论对与不对，他也愿意仰慕、也必须体贴这个女人——他再也不忍、再也不能看着她被萧军欺负和伤害了。

两人都认命了。她偎依在他的怀抱里，任泪水畅快地流。这一刻，世事沧桑、人生剧变仿佛一齐向她涌来，她肆无忌惮地哭着，不知是在感慨自己一辈子的苦，还是在欣慰兵荒马乱中这一方小小怀抱的宁静。岁月静好，现世安稳，或许永远只是一个梦吧。

萧红与端木蕻良的恋情渐渐明朗化，为了不再受到萧军非理性的纠缠，他们决定离开西安。丁玲很希望萧红可以和她一起去延安工作，但萧红担心在延安可能还会再遇到萧军，只好拒绝了丁玲的好意。此时，正好老友池田信子来信，邀请萧红回武汉相聚，萧红便与端木商定，一起南下前往武汉。

丁玲满怀遗憾地送别了萧红。此时，她若能知道，西安一别之后仅仅过去四年，萧红就永远地离开了人世，她一定会坚持劝说这位“有才智、有气节”的朋友同去延安。然而，谁又能预见未来呢？谁又能知道这就是她们最后的送别呢？

四年后，萧红在香港病故的噩耗传到了延安。在一个风雨之夜，丁玲回忆起亡友，心中不只有无限的悲痛，更充满了无限的惋惜、悔恨与自责。她含着泪写道：

> 那时候我很希望她能来延安，平静地住一时期之后而致全力于著作。抗战开始后，短时期的劳累奔波似乎使她感到不知在什么地方能安排生活。她或许比我适于幽美平静。延安虽不够作为一个写作的百年长计之处，然在抗战中，的确可以使一个人少顾虑于日常琐碎，而策划于较远大的。并且这里有一种朝气，或者会使她能更健康些。但萧红却南去了。至今我还很后悔那时我对于她生活方式所参预的意见是太少了，这或许由于我们相交太浅，和我的生活方式离她太远的缘故，但徒劳的热情虽然常常于事无补，然在个人仍可得到一种心安。

萧红离开西安奔赴武汉，让诗人田间更为不舍，临别时，他将饱含深情的诗句送给姐姐，希望姐姐今后的生活中不再有哭泣和悲伤：

给萧红

——一九三八年四月十七日夜在西安为告别萧红姐而写

中国的女人都在哭泣。
在生死场上哭泣，在汲井边哭泣。
呵，让你的活跃的血液，
从这战斗的春天底（的）路上，
呼唤姐妹，提携姐妹，
——告诉我们，
从悲哀的家庭里，
站出来——到客堂吃饭，
上火线演说，去战地打靶……
中国的女人不能长久哭泣。

1938年5月14日，在中华全国文艺界抗敌协会会报《抗战文艺》第一卷第四号上，刊登了一则《文艺简报》：

萧军、萧红、端木蕻良、聂绀弩、艾青、田间等，前于一月间离汉赴临汾民大任课，临汾失陷后，萧军与塞克同赴兰州，田间入丁玲西北战地服务队，艾青、聂绀弩先后返汉，端木蕻良和萧红亦于日前到汉。

一起办刊，一起赴西北为抗战贡献力量的《七月》同仁，至此风流云散，天各一方。

第二十二章

贫困生活中的温柔幻想

萧红和端木蕻良重回武汉，也重新住进了武昌小金龙巷21号——半年前萧红、萧军与端木三人大被同眠的地方。

安顿妥当后，端木便计划着要与萧红举行婚礼。在他看来，婚礼不仅是一项仪式或庆典，它更是一项公示，一份夫妻双方所共同信守的承诺。此前，萧红之所以会被汪恩甲抛弃，之所以会被萧军背叛，很大一部分原因正是因为他们与萧红之间没有这项契约，因而也就不受正式名分的约束。

端木的提议让萧红感动不已，27岁的她，虽已有过两段实质上的家庭生活，却从没有穿过嫁衣，从没有当过新娘。她可以体会到，端木想给她一个婚礼，是对她人格权利的尊重。

端木将自己的决定告诉了他的三哥，三哥起初非常反对，不理解条件这么好的弟弟为什么会看上这个年龄比他大，两度和别人同居，眼下还怀着别人孩子的女人，这样的儿媳，母亲一定不会接受。而端木却已经打定了主意，他说结婚是他和萧红自己的事，没必要征得母亲的同意。三哥见拗不过弟弟，只好听之任之，临走前留下一笔钱，供他安排结婚之用。

1938年5月下旬，端木蕻良与萧红在汉口大同酒家举办了一个简朴却温情的婚礼。这天，端木身着一套浅驼色西装，打着红领带；萧红则身着红纱底金绒花旗袍，内配黑色纺绸衬裙，尽管因为怀有身孕显得有些腰身粗大，但依然与端木组成了文雅又漂亮的一对。

参加婚礼的只有端木家在武汉的亲戚，以及萧红的一些文艺界的朋友。由端木三嫂的父亲主婚，胡风担任司仪。池田幸子亲自送来一块上好的衣料作为贺礼。萧红把当年鲁迅和许广平送给自己的四颗南国相思红豆，转送给端木作为定情信物。

席间，为了活跃气氛，胡风提议让新郎、新娘谈谈恋爱的经过。萧红感慨道："剖肝掏肺地说，我和端木蕻良没有什么浪漫蒂克式的恋爱历史。是我在决定同三郎永远分开的时候我才发现了端木蕻良。我对端木蕻良没有过高的希求，我只想过正常老百姓式的夫妻生活。没有争吵、没有打闹、没有不忠、没有讥笑，有的只是互相谅解、爱护、体贴。"接着，她真诚地说，"我深深感到，像我眼前这种状况的人，还要什么名分，可端木却做了牺牲，就这一点我就感到十分满足了。"

从这段话里，我们可以看到萧红对端木发自肺腑的感激。争吵、打闹、不忠、讥笑，这些与萧军在一起时受过的伤害让她身心俱疲，她不敢再奢望爱情，而只希求一份平平淡淡的生活。这也正是她最看重端木的地方，她知道端木在很多方面不如萧军，但至少端木不会搅扰她，不会强迫她，更不会伤害她。而今她憔悴如斯，还怀着萧军的孩子，端木却肯为了这样一个她放弃掉自己优裕的生活，她还有什么不满足的呢？

在酒店二楼的头等包房里，萧红与端木度过了他们的新婚之夜。第二天，他们搬回小金龙巷的家，开始了一段平静而平凡的居家岁月。端木的生活能力差，万事皆不过问，萧红并不在意，她怀着一颗愉悦的心，辛勤地安排、打理着自己和端木的生活，将这个临时的小家收拾得井然有序，甜美温馨。

令萧红不曾想到的是，因为与端木的结合，曾经一些无话不谈的朋友与她日渐疏远。萧红与萧军传奇式的邂逅，萧军英雄救美的故事早已在文艺界传为美谈，人们下意识地视端木为第三者，认为是他的闯入破坏了二萧般配而美满的良缘。再加上端木个性上的胆怯、自私，为人处世上的孤傲和小资派头，都让朋友们很看不起，他们不明白，端木到底是什么地方吸引了萧红，竟至于让她如此狂热、如此草率地托付终身。

胡风就曾劝萧红说："作为一个女人，你在精神上受了屈辱，你有权这样做，这是你坚强的表现。我们做朋友的为你能摆脱精神上的痛苦是感到高兴的。但又何必这样快？你冷静一下不是更好吗？"

由于萧军的位置被并无好感的端木取代，朋友们渐渐不愿来萧红家。而他们为萧红抱屈，不满她的决定，自然也伤害了端木的自尊，于是慢慢地，来往也就越来越少了。

回武汉以后，萧红一直在想方设法找人帮忙联系医生，想把腹中的胎儿打下来。可是这时，她已怀孕 5 个月，胎儿太大，这样的人工流产手术太危险，没有人敢应承。

将近端午，梅志发现自己也怀孕了，她和胡风也认为眼下时局混乱，不宜要这个孩子，于是托房主的夫人带着到医院找熟人堕胎，萧红也跟着一起去咨询。到医院一问才知，人流手术的费用是 140 元——这在当时实在是一笔巨款。

萧红也意识到，自己怀孕已 6 个月，不可能再做人流手术了，更何况她也实在拿不出这笔高昂的手术费，只有听天由命，把孩子生下来。

就这样，在与端木一起安静的写作与生活中，萧红的身体一天比一天沉重，行动也一天比一天迟缓。在这个孩子渐渐长大时，战争也渐渐靠近了武汉。

1938 年六七月间，日军兵分五路钳向武汉，国民政府发出了“保卫大武汉”的战时动员，然而这一口号喊得越响，人心越是惶惶不安。

7 月 26 日，九江失守，日军大规模集结作战部队，积极推进向武汉的进攻。

达官要员、工厂企业、学校、政府机关都纷纷迁往战时首都重庆，之前从各地会聚到武汉的各界人士，也都纷纷再一次踏上了逃亡之路。长江航道水泄不通，入川的客轮一票难求。

当时，入川没有铁路与公路，只能走长江水路，而长江在宜昌以上进入三峡后，航道狭窄弯曲，滩多浪急，有些地方甚至仅能容一条船通过。因此，所有来自上海、南京、武汉等地的大船，均不能直达重庆，而必须在宜昌下船换载，转乘能走峡江的大马力小船，方能继续溯江入川。战局的紧张，逃难人群的庞大，更加剧了入川航道的混乱。

萧红和端木也准备迁往重庆。8 月初，萧红托罗烽好不容易买到了一张船票，端木坚持要两人一起走，让萧红把船票转卖出去，再等机会。萧红则认为船票来之不易，不如两个人暂时分开，端木先走，她有机会再和朋友结伴去重庆，与他会合。

萧红主张让端木先走，原是有自己的打算的。一来她身怀六甲，初到重庆人生地不熟，无人照料，而在武汉至少还有一些朋友可以帮扶她，等一段时间后再结伴入川亦可；二来端木先去，可以在人满为患、住房紧张的山城找个落脚的地方，等一切安顿好后她再过去，也更方便；三来她也担心，若是留端木一个人在武汉，他可能会走不成。

端木见萧红确实想得比自己周全，只得同意了这一方案。临行前，萧红将家里的大部分存款交给端木，仅留下少量的钱供自己零用。端木并未拒绝，在家庭生活中他从不过问钱财之事，自己的收入也一向都是交给萧红安排。这一次，萧红给他“安排”了这些钱，但他并不知道萧红只给自己留了那么少，自然也就理所当然地收下了。

在先行入川这件事情上，端木蕻良在日后的几十年中常常受到诟病，人们或指责他胆小无用、不负责任，或抨击他自私自利、不近人情。其实，若是我们把自己放入当时的情境里，仔细想之，会发现他的行为也并非不能理解。

萧红诀别萧军，嫁给端木，所实现的不仅是人生的转折，更是家庭角色的彻底翻转。和萧军在一起时，她被视为一个孩子，萧军保护她，也轻视她；而嫁给端木后，她俨然变成了一个家长，家里一切大小事务都由她来管理，她自然也要“强势”地要求端木服从她的意志。

在二人的关系中，一人扮演孩子的角色，另一人扮演家长的角色，这样是比较好相处的。一旦前者由孩子上升为家长，与后者的关系转变为两个家长的关系，矛盾就会产生。萧红与萧军最终走向决裂，除了因为萧军的出轨，很大程度上也是由于萧红“长大”了，有了自己的主见，也有了不弱于萧军的能力，而萧军却依然用对待孩子的方式对待她，以绝对的保护者自居，完全不顾及她的尊严和感受。

反观萧红与端木现在的状态，正是家长与孩子的和谐状态。端木的“听话”，正是出于对萧红“家长”权威的尊重，让这个“家长”放心、安心。也正因为此，萧红与端木的相处才会比与萧军的相处更和睦、更愉悦。作为局外人，我们没有理由去谴责端木的做法，因为“家家都有本难念的经”，这本经，只有身在其中的人才会懂得。

端木走后不久，日军加紧了对武汉的攻势。萧红不愿意一个人住在小金龙巷，在武昌大轰炸的第二天，她带着行李和铺盖，来到汉口三教街中华全国文艺界抗敌协会（简称文抗）所在地，告诉蒋锡金，她要在这里住下来。当天从武昌搬来避难的还有冯乃超的夫人李声韵，她同样也在等待去重庆的船票。

没有足够的床铺，萧红就在走廊楼梯口的地板上打了个地铺。身怀重孕的她身子越来越沉，行动越来越不便，每天大多数时候都只好躺在冰凉的地板上。

然而，即便在如此艰苦的环境里，她依然没有放弃写作。8月6日，她完成了一篇近8000字的短篇小说《黄河》。半个月后，她又写下了约3000字的短篇小说《汾河的圆月》。今天，当我们读着这些简洁洗练的文字时，我们怎能想象，它们竟是一个怀有近八个月身孕的女人，在空袭频仍的不眠之夜里，卧在冰凉的地铺上写成的……

一天，萧红突然对朋友们说："我提议，我们到重庆后，要开一间文艺咖啡室，你们赞成吧？"大家都瞪大了眼睛看着她。

她接着说："这是正经事，不是开玩笑。作家生活太苦，需要有调剂。我们的文艺咖啡室一定要有最漂亮、最舒适的设备，比方说：灯光壁饰、座位、台布、桌子上的摆设、使用的器皿，等等。而且所有服务的人都是具有美的标准的。而且我们要选择最好的音乐，使客人得到休息。哦，总之，这个地方是可以使作家感到最能休息的地方。"

沉默了片刻，忽而又若有所感地轻声说道："中国作家的生活是世界上第一等苦闷的，而来为作家调剂一下这苦闷的，还得我们自己动手才成啊！"

长久的兵荒马乱、颠沛流离让她太累了，或许只有借助幻想，才能安抚那一颗疲惫又惶恐的心。在幻想中，她可以构建一个宁静、美好的未来；然而在现实里，她短暂的一生似乎永远漂泊在路上。

难得的是，无论世界怎样丑陋，生活怎样贫困，她始终是那个天真、纯洁、烂漫、爱幻想的萧红，这一点，从未变过。

第二十三章

端木的新娘

船票终于买到了！

1938年9月中旬，萧红和李声韵结伴，搭上了去重庆的轮船。不料船刚到宜昌，李声韵突然病倒，被送进了医院。萧红只得一个人继续换船前行。

在天还没有放亮的码头，她忙乱中被纵横的缆绳绊倒。怀着将足九个月的身孕，手中还提着包袱，她想挣扎着爬起来，但实在是没有支撑身体的臂力了。

“孩子呀，孩子呀！你就跌出来吧！我实在拖不起了，我一个人怎么把你拖大！”她痛苦地想着，可是不知是幸运还是不幸，孩子什么事儿也没有。

衰弱和疲倦向她袭来，她索性平静地躺下了。船不会等她，早已沿着江水逆流而上，不见了踪影。

江上一片深黛，四野悄无人烟。滔滔浊流映着夜空中仅剩的几枚星，越发显得稀疏寥落，偶尔泛起的波光，一眨眼便被那笼在水波上的薄雾抹得模糊了。

恍惚中，似乎回到了呼兰河畔，回到了祖父的后花园里，年少时的夏夜，也是这样静静地躺着，躺在湿软的草丛中，看着夜，数着星，回味着祖父教过的诗句。祖父念："少小离家老大回……"被祖父宠溺着的小孙女也跟着念："少小离家老大回……"

梦醒了，祖父的后花园不见了。隔着夜，隔着天——抑或隔着生与死——不知家在何处。

她忍不住想到了端木——自己的丈夫。一个多月以前，在她的劝说下，他顺从了她的意志，离开了她。可是现在，她无助地躺在这异乡的码头上，多么希望有个人能陪在她身边啊！在这个世界上，到底有谁可以为她遮风挡雨呢？若是此刻萧军在，一切会不会不一样呢？他的身影又浮现在了她的眼前，突然"咯噔"一声，她感到了结痂的伤口突然迸裂的痛。

无名的愤懑不觉涌上了心头："我总是一个人走路。以前在东北，到了上海以后去日本，又从日本回来，现在到重庆，都是我自己一个人走；我好像命定要一个人走似的……"

天将亮的时候，她才被一个赶船的路人扶了起来，等到下一班船，继续拖着沉重的身体赶往重庆。

端木蕻良只身到达重庆后不久，应复旦大学教务长孙寒冰的邀请，任内迁重庆的复旦大学新闻系兼职教授，兼复旦大学《文摘》副刊主编，暂住昌平街黎明书店的楼上。由于住房紧张，萧红来到后，端木暂时将她安置在他的同学兼远亲范士荣家中，范家夫妇对萧红非常热情，专门为她准备了一间小屋让她休养。

端木忙于任教、写作、办刊的种种事宜，又丝毫不懂得如何照料产妇，让萧红不得不为自己的生产问题忧心。一个人待在范家，人地两生毕竟不是长久之计，情急之下，她想到了多年来的老朋友——罗烽白朗夫妇。

1938 年 6 月，白朗带着刚出生半年的婴儿，和罗烽的母亲一起从武汉坐船抵达重庆。8 月初，罗烽和端木坐了同一班船随后赶来，托人在江津找到一间房子，将家搬去。罗烽不常回家，多数时间在重庆临江门横街 33 号楼的文抗会所忙工作，家里只有白朗和婆母一起照顾不到一岁的孩子。这些年来，在山河破碎的日子里，尽管大家都在为了事业和生活奔波忙碌，但朋友间的情谊却一直保持着，尤其是萧红和白朗这对女友，更是情同手足。若是萧红去白朗家待产，一定能得到很好的照顾。

端木也认可了萧红的这一想法。两人随即去信询问，白朗很快就回信说，欢迎萧红去他们家。就这样，萧红抵达重庆不久，就只身坐船去了江津的白朗家，等待这个让她焦虑不安的小生命降临人世。

一个多月的待产时光里，因为生活的安定，萧红得以静心地投入创作。10 月上旬，她完成了散文《鲁迅先生记（一）》，并将 1937 年 10 月刊发在《七月》上的《在东京》一文改题为《鲁迅先生记（二）》，在恩师逝世两周年的日子里，她用文字表达了自己虔诚的祭奠。此后，她又完成了短篇小说《孩子的演讲》和《朦胧的期待》。

在写作之余，萧红靠写信和裁制衣服打发日子。她的心灵手巧，在给萧军做“礼服”那件事上已有充分的体现。这时，她又为自己做了一件丝绒旗袍，不但十分合体，而且还绣了花边。

1938年底，胡风和梅志夫妇搬到山城后，萧红前去拜访。那一天，她穿着一件自裁自缝的黑丝绒长旗袍，手执梅花，亭亭玉立地出现在梅志面前，高贵清雅的气质让梅志眼前一亮，只觉得她真美，都忘了普通的应酬，拉着她的手，就像他乡遇故人似的亲热。

梅志在回忆中赞叹道：

> 她将金线沿边钉成藕节花纹，那有凹凸花纹的铜扣被她擦得锃亮，使这衣服显得光彩夺目，穿衣人也就颇有神采了。我还看到过她穿的另一件她自己亲手缝制的毛蓝布旗袍，她用白丝线绣上人字形的花纹，虽是粗布料，穿上它可显得雅致大方。我心想原来她是爱美的，也很有审美力，过去是没时间？没心情打扮自己？

自6月在武汉分别后，时隔四个月，萧红与白朗在重庆的重逢似乎并未给两人带来应有的快慰。白朗发现，和端木在一起后，萧红“感情的突变是非常显著的”。她回忆道：

> 虽然整天住在一个房子里，红却从不向我谈起和军分开以后的生活和情绪。一切她都隐藏在自己的心里，对着一向推心置腹的故友也竟不肯吐露真情了，似乎有着不愿告人的隐痛在折磨着她的感情，不然，为什么连她的欢笑也总使人感到是一种忧郁

的伪装呢？

这一切，在我看来都是反常的。我奇怪，为什么她对一切都像是怀着报复的心理呢？也许，她的新生活并不美满吧？那么，无疑地，她和军的分开该是她无可医治的创痛了。

我们无从知道萧红不愿告人的隐痛是什么，或许，是为了这个即将到来的孩子感到不安？或许，她的内心深处其实也在怨恨着端木对她的不闻不问？——只是，这是自作孽，朋友们一向都不认可她嫁给端木的决定，现在她受了委屈，还有什么脸面向人诉说呢？

1938 年 11 月，白朗把即将临盆的萧红送进医院。在这家私立小妇产医院里，萧红顺利生下了一个白白胖胖的男婴。孩子有着和萧军一模一样的低额头和四方脸，但出生仅三天后，这个可怜的小生命便离开了人世。

关于幼子夭折的往事，萧红一直讳莫如深。白朗的女儿金玉良在《一首诗稿的联想——略记罗烽、白朗与萧红的交往》一文中，写下了母亲告诉她的故事："白朗早早晚晚去医院送汤送水照顾萧红母子。一天，萧红对白朗说牙疼，要吃止痛片。白朗给她送去德国拜尔产的'加当片'，这是比阿司匹林厉害得多的镇痛药。第二天一早，白朗照旧去医院，萧红告诉她孩子夜里抽风死了。白朗性格率直爽朗，遇事少转脑筋。听到这突然的消息，马上急了，说：昨晚孩子还好好的，怎么说死就死了？她要找大夫理论。而萧红死活阻拦不让找大夫。"

又据曹革成《我的婶婶萧红》一书的记载：萧红产后，罗烽写信告知端木蕻良："产一子，已殆。"端木立即去信安慰萧红，并告诉她，自己正在找房子，将为她安置一个安静的家，回来即可投入创作……

而端木蕻良晚年在接受采访时却说，萧红出院后，从未和他提及孩子夭折的事，也从未向他做过任何解释。

从这些材料中可以看出，在理智上，萧红并不想要这个孩子，对孩子的死也是有意表现得极其冷淡，这不禁让我们想到了她送走第一个女儿后，在萧军面前的强作镇定。

当年的忍痛割爱，或许还有一层原因是她与萧军生活的困窘，大人都吃不饱饭，自然更没有能力养活孩子。而这一次，即便是在战乱中，以萧红的收入，想给孩子一个像样的生活，也是不成问题的。然而，自从和端木在一起后，萧红便千方百计地想要打掉这个孩子，无奈一来错过了堕胎时机，二来亦没有堕胎的条件。

萧红并非不爱孩子。她喜欢鲁迅的孩子海婴，也喜欢胡风的孩子晓谷。海婴和她的关系自不必说，晓谷每次看见她，也都是高兴地喊"萧姑姑""萧姑姑"。对于萧红孩子的夭殇，梅志曾写下自己的不解：

> 这当然是萧红的不幸！但她绝对不是不愿做母亲，她是爱孩子的。是谁剥夺了她做母亲的权利、爱自己孩子的权利？难道一个女作家还不能养活一个孩子吗？我无法理解。不过我对她在"爱"的这方面更看出了她的一些弱点。

这段话似在隐隐地表明，是萧红的"弱点"，剥夺了她做母亲、爱孩子的权利。这“弱点”不言而喻，正是端木。——她是为了端木放弃了自己的孩子。

萧红在心里一直感激端木接纳了怀着萧军孩子的自己，正因为端木待她的这份情，让她也必须为端木考虑。她很清楚，不论是孩子的出世、成长，还是孩子日后将招致的纷纷议论，对于端木来说都必将是深深的伤害。她不愿让萧军的孩子毁掉端木本应有的幸福。

作为端木的新娘，孩子的早夭让萧红感到解脱；然而作为一个母亲，作为一个在六年之中一连失去两个孩子的母亲，她又怎能不痛？怎能不悔？怎能不恨？在那些午夜梦回的时刻，听到记忆里孩子的哭声，面对良心的拷问和谴责，那份撕心裂肺、肝肠寸断的疼痛，她只有独自咽下，独自饮泣……

这一生，萧红再也没有怀过孩子。或许，真的是命里注定，她只能一个人走路，一个人，孤独地来，亦孤独地离去。

第二十四章

山遥路远，一别永诀

孩子去世后，萧红急于出院。她对白朗说，这里除了一个值班护士，只有她一个人住，她害怕。这让白朗很是为难，江津本地风俗忌讳儿媳以外的女人在家里坐月子，房东说：“在家中坐月子晦气，必须红毡铺地才准进门。”

白朗是女人，也是做了妈妈的女人，深知生产是女人的一大关口，产后更需精心护理，好好将养。然而在逃难中条件艰难，白朗没有其他更好的办法，只得将刚刚生产过后没几天的萧红送回重庆。

11 月的江津，天气已然十分阴冷，经过多年的颠沛流离，白朗的衣物所剩无多，但见到萧红无衣御寒，她还是尽其所能为月子里的萧红准备了几件衣物。萧红独自前来又独自离去，与白朗握别时，凄然地说：

“莉，我愿你永久幸福。”

江上的风呼呼地吹着她单薄的话音，白朗强忍着心酸，安慰道："我也愿你永久幸福。"

不想萧红却惊问："我吗？"

她苦笑道："我会幸福吗？莉，未来的远景已经摆在我的面前了，我将孤寞忧悒以终生！"

1940年春天，白朗收到了萧红从香港寄来的信，信中写道："不知为什么，莉，我的心情永久是如此的抑郁，这里的一切景物都是多么恬静和幽美，有山，有树，有漫山遍野的鲜花和婉转的鸟语，更有澎湃泛白的海潮，面对着碧澄的海水，常会使人神醉的。这一切，不都正是我往日所梦想的写作的佳境吗？然而呵，如今我却只感到寂寞！在这里我没有交往，因为没有推心置腹的朋友。因此，常常使我想到你，莉，我将尽可能在冬天回去……"

白朗盼望着再次见到萧红，但她的盼望落了空。到了这年冬天，萧红并没有回来。1941年1月，皖南事变爆发后，白朗和罗烽先后去了延安，从此便与萧红断绝了书信。白朗时时安慰着自己："红一定脱险了，而且，我相信她一定会来延安的。"

然而，又一个冬天过去了，又一个春天来临了，他们等到的不是密友的佳音，不是望眼欲穿的归期，却是萧红的死讯，永远的别离……

惊闻噩耗的那一天，白朗想起曾经在江津岸边分别时，萧红幽凄的话音："未来的远景已经摆在我的面前了，我将孤寞忧悒以终生！"那时的萧红，似乎已然预见到了自己未来的命运。可是白朗依旧不愿相信，那个美丽、聪慧的萧红，何以在不到31岁的青春年华，就离她而去呢？

1938 年冬天，萧红从江津返回后，经朋友们帮助，和端木蕻良一起住进了歌乐山云顶寺一个名叫乡村建设所的招待所里。这里环境清幽，入秋之后游人甚少，有食堂可以吃饭，有莲花池可以玩赏，半山腰有一所抗战期间远近著名的歌乐山保育院，很适于写作和静养。产后极其虚弱的萧红，在这里慢慢地恢复了身体。尽管孩子的夭亡让她心痛，但她也摆脱了此前的困扰和焦虑，了却了与萧军的恩恩怨怨，获得了一份难得的轻松。

萧红乘船离开武汉以后，战局每况愈下。1938 年 10 月 25 日，武汉沦陷，至此，抗日战争正式进入战略相持阶段。

12 月，日本反战人士池田幸子和绿川英子先后来到重庆。池田的丈夫鹿地亘在外地忙于反战反日同盟的宣传工作，有孕在身的池田只身前来，住在米花街小胡同。听说萧红也在重庆，欣喜地邀请她来这里同住。

一时找不到住处的刘仁、绿川英子夫妇，也接受了池田的邀请，住进了终日不见阳光的米花街小胡同。于是，三个年轻而不凡的女性一起生活在这里，度过了一段快乐而悠闲的日子。

绿川英子第一次见到萧红是在 1937 年，那时她初来上海，“八一三”的炮火迫使她在法租界辗转躲避。其间，她曾偶然地和萧红做了一月余同屋的房客。为了避人耳目，她没敢去拜访这位女作家，只是在灶披间烧饭、洗衣服的时候偶尔碰见她。令绿川英子印象最深刻的，是萧红的大眼睛和响亮的声音。

上海沦陷后，绿川跟随丈夫刘仁流亡香港。1938 年返回武汉，在郭沫若的推荐下，进入国民党中央宣传部国际宣传处的中央电台，担任日语广播员。不久，日军特务机关查出其真实姓名，1938年11月1日，在东京的《都新闻》上登出其照片，称其为“娇声卖国贼”，并给其父去信，要求他“引咎自杀”。

绿川再次见到萧红，是1938年12月在重庆街头。那时晨雾未收，照射着湿气的电灯光下，萧红和一年前一样，依旧闪烁着两只大眼睛，然而在绿川看来，却有一种恍若隔世之感。她并不知道，尽管只是过去了一年，萧红却已然经历了分手、新婚、生子、丧子，还有许许多多常人无法想象的苦难。

绿川对萧红说：“你的名字漂亮，你的文章也漂亮，而你本人更漂亮啦！”

萧红报以娴静的微笑，以之代替初次和异国同性见面时的酬答。

绿川一直以为，萧红不过和社会上普通的女作家一样，过着浪漫的生活，写着优雅的文章，以女色显现于文坛，随着女色的消逝，她们的名字也在文坛上慢慢消失。

直到在池田幸子的邀请下，绿川和萧红同住进米花街小胡同中，她对这位女作家的成见才得以修正。在这段短暂的安闲时光中，她们白天尽情享受战时陪都的荣华，夜晚则尽情畅聊与战争毫不相关的话题。萧红善于谈天和唱歌。池田的预产期渐近，不便自由外出，萧红便为她煮自己拿手的红烧牛肉，像亲姐妹一般关心她。

令绿川不能释怀的是，相伴不久，萧红便离开了米花街小胡同，去和端木蕻良过新生活了。不久，他们就自囚在了只有他们两个人的小世界中；又过了不久，又谜一样地飞往了香港。山遥水远路几千，竟然连一封信也没有寄来。—— 一别便成了永诀……

绿川回忆起萧红的后半生，悲愤地写道：

喜欢和朋友一道的她，不能不和朋友分离了。

不给人知道，悄悄地走了的她，不给人知道，悄悄地死了。

在这篇题为《忆萧红》的文章中，绿川英子对端木蕻良的怨责随处可见。她不明白，为什么萧红要跟随这样一个男人，过她并不喜欢的生活。她也不明白，为什么萧红要被端木所支配，甚至一天天加强对他的从属。她更不明白，结婚、生产、苦恼、贫困、疾病等，这些封建时代的女人所踏过的荆棘之路，为什么进步作家萧红也会背负着十字架重蹈覆辙。在绿川看来，萧红后半生的不幸，皆是由婚姻的不幸导致的。她为这位杰出的朋友感到深深的惋惜：

在民族自由与妇女解放斗争的行程上，她没有披沐胜利的曙光，带着伤痕死去了，那作家的生活，也没有能够完成。

令人感慨的是，这位高呼着妇女解放，为萧红打抱不平的绿川英子，在萧红去世五年后，亦结束了年轻的生命。上天无情地捉弄了一把这个女权主义者——她死于人工流产手术，享年 35 岁。

萧红在与这两位日籍女友共住了一段时间后，便回到了歌乐山，与端木蕻良一起生活。

1939年春天，池田幸子生下了一个女儿，夫妇二人都视之为掌上明珠，十分宝贵，为了照顾孩子，生活上不愿受到一点干扰。这时，鹿地亘和池田幸子都已是国民政府官员，早已不再是上海滩流亡时的落难夫妇了，而萧红依然很相信过去的关系，常常带着端木前去打扰。这让池田很不快，她向胡风和梅志抱怨道："真没办法，你的饭做好了他们来了，不够吃的，阿妈不高兴。他们要住下了，就在阿妈住的大厅里打地铺，阿妈更不高兴，就要不干了，那不行的，我没有阿妈不行的。"胡风夫妇不好回答，也觉得不便向萧红说。不久，萧红似乎感受到了池田对自己态度的变化，也就不再去池田家了。

她很少从歌乐山上下来，除了买菜等琐事外，也极少和周围的人交往。在简单宁静的生活中，她与端木蕻良一起潜心于创作，完成了丰富的散文、小说作品。在歌乐山期间创作的散文，与之后所写的《放火者》一起，收入《萧红散文》，1940年6月由重庆大时代书局出版。而在重庆创作的小说，连带在武汉完成的《黄河》，结集为《旷野的呼喊》，1940年3月由上海杂志公司出版。

不过，这一时期萧红的创作产量虽大，却并没有展现出她应有的文字水平，这或许是因为她生活状态过于封闭的缘故吧。

第二十五章

最后的停泊地

歌乐山的环境尽管清静幽雅，却也给端木蕻良和萧红夫妇带来了困扰。一来歌乐山与端木办公、任课的地点都相距遥远，交通不便；二来这里老鼠猖獗，常常在夜里追逐嬉戏，把食物拖得七零八落。萧红见到老鼠，每每惊恐地惨叫，端木虽不怕老鼠，却也经常被萧红的尖叫声惊醒。在这样的情况下，两人商定，还是下山另找房子。

1939 年 5 月，得益于复旦大学教务长孙寒冰的安排，端木和萧红搬到了嘉陵江畔的黄桷树镇，与内迁的复旦大学所在地北碚镇隔江相望。这里远离重庆市区，一向喜欢和朋友在一起的萧红，到了北碚，竟彻底开始了与端木的二人世界。正如绿川英子所不满的那样——“于是不久之后，他们就在北碚自囚在只有他们两人的小世界中。”

刚搬到北碚，教务长孙寒冰和《文摘》负责人贾开基就来家里看望，并邀请萧红也到复旦大学兼任一两节文学课，不料被萧红一口回绝，让孙寒冰和贾开基几乎下不来台。端木虽然也不会圆场，但还是说，回去和夫人再商量商量。

孙、贾二人走后，萧红便对端木说："我怎么能去教书？教书必得备课，还要把讲义编好，与写小说、散文不一样。讲课时间一长，就会变成'学究'，也只会写出'教授小说'。有人写小说，就有学究味儿，我不教书，还是自由自在地搞我的创作好。"

端木知道萧红崇尚自由，又极为看重她的创作，就不再提教书的事了。

萧红笑着说："有人巴不得到大学去教书呢，我可不稀罕什么教授头衔。"

端木听出了萧红是在嘲讽自己，便也打趣道："不去就不去吧，干嘛把矛头对准'在下'呢？"

萧红随即笑着解嘲："我现在是教授家属，否则连住的地方还没有呢！"说着，夫妻俩高兴地笑作一团。

转眼间，鲁迅先生逝世已快三年了。萧红刚来重庆时，正值鲁迅逝世两周年，许广平曾写信给她，嘱咐她收集一些重庆方面纪念鲁迅逝世两周年的相关报道。当时的萧红预产期临近，无法出席纪念活动，想待身体恢复后再收集，怎料时间已过去了很久，无法集全，只得给许广平去信解释。

萧红回想着这三年，先生去世时，她人在东京，哭声无法和大家的哭声混在一道；先生逝世周年时，她身处淞沪会战爆发后的混乱中，匆匆逃离上海避难武汉，所写的文字只有两篇不长的散文；先生逝世两周年时，她又即将临盆，身不由己。萧红深感，这三年来为先生所做的事情太少了。而今住在黄桷树镇，生活相对安定，她便开始写回忆鲁迅的纪念文章，这也算是她长久以来的一桩心愿。

9 月 22 日，萧红整理完成《鲁迅先生生活散记——为纪念鲁迅先生三周年祭而作》，此后又应邀写了《记忆中的鲁迅先生》《记我们的导师——鲁迅先生生活片断》《鲁迅先生生活忆略》等多篇文章。

10 月下旬，萧红将这些文章整理成一本小册子，定名为《回忆鲁迅先生》。这篇长文成为萧红最著名的散文之一，直到今天，依然以它的真挚、自然和温情感动着无数读者。这也是萧红在重庆期间写出的成就最高的作品。

文章里的鲁迅，不再是那个遥远的钢铁巨人，而是一个风趣的长者，一个慈爱的父亲。看似生活往事的随意叠加，却让我们看到了萧红对先生细致、独到的知解，让我们看到了一个立体、真实而鲜活的鲁迅——他永远活在萧红心中，活在她隽永的文字里。

1940 年 7 月，《回忆鲁迅先生》由重庆妇女生活出版社出版，附录为许寿裳的《鲁迅的生活》和许广平的《鲁迅和青年们》两文，出版后持续风靡，又多次再版。

在编写这本小册子时，对旧事的重温让萧红心中充满了思念和怅惘。自从在江津生产后，她的身体一直没有从虚弱中完全恢复，此时又出现了肺病的症状，脸色苍白，精神倦怠，人也越来越消瘦。流浪哈尔滨时的营养不良，从东北辗转到西南连年的颠沛、心情的郁结，以及两次非正常状态下的生产，这些都毫无疑问地严重地损害了她的健康。萧红担心自己精力和体力的不济会耽误工作，便请来当时复旦大学的学生姚锛帮忙，由她口述，姚锛做部分记录后，她再进行整理。姚锛回忆道：

> 在黄桷树镇嘉陵江畔大树下的露天茶馆，饮着清茶，她望着悠悠的江水，边回忆边娓娓动听地叙述着她在上海接受鲁迅先生教益的日子。我边听边记，她根据我的记录，整理成文。

1939 年秋，萧红随端木蕻良搬进了一座名叫秉庄的二层小楼，这是黄桷树镇上唯一的一幢新式楼房。搬家后的端木夫妇，除了参加一些文艺活动外，并不与人往来，与旧日的朋友越发疏远了。

胡风夫妇于 1938 年底抵达重庆后，不久也应复旦大学文学院院长伍蠡甫之邀，在复旦大学任课。一家人原本住在重庆市区，因发生了“五三”“五四”大轰炸，也于 1939 年 6 月搬到了黄桷树镇。

尽管同住在北碚乡下，萧红却再也没有去看望过胡风夫妇。胡风猜测，或许是因为萧红曾在梅志这里看到了萧军的照片，受到了伤害，所以不愿再来走动了。

在一次赶集时，梅志远远地看见了萧红。她和保姆一起，在杂货摊边选购日用品，保姆手里提着砂锅、铁锅之类，萧红空着手，保姆要什么，她就打开皮包付钱，从不提出异议，似乎只想快点离开。

梅志看出，身为教授夫人的萧红虽然生活宽裕，却并没有兴致。“可能是想到了过去，那时可不是她一个人安家，一个人奔波操劳，那时她得到作为一个女人的照顾和爱护，而今天她成了保姆的主人，保姆头头罢了。”

一个月后，梅志去小学校接儿子晓谷，路经复旦大学操场，她看见萧红穿着蓝底白花旗袍，一个人站在篮球架旁，望着远处的青山和将消失的红霞，似乎在沉思。梅志本不想打扰，萧红却转过头来，亲切地问：“你住在这里吗？”

“我就住在溪沟那边坝子上的老乡家，怎么样？你稍等一会，我上街去接孩子，回来领你一道去我家坐坐。”梅志高兴地邀请她。

萧红犹豫了一下，最终还是拒绝了：“不了，下次吧，下次我会去看你们的。”

梅志只好告别了她，等她接了孩子回来，萧红已经不见了。

尽管不再来往，梅志却常常在街上见到端木和萧红。他们不是有说有笑地并肩走在一起，而是像陌生的路人一样——他低头在前边走着；她在他之后两米远的地方，也低着头，默默地跟随着他。他还是穿着那件咖啡色夹克，她也还是穿着旗袍，有时在外面加一件红毛衣。然而她瘦了——瘦得不像样子，两肩高耸着，缩着脖子，背还有点佝偻，看上去完全不像一个还不到 30 岁的少妇。

想起几年前在上海的时候，她还是那个昂着头，挺着胸，用劲儿地响着皮鞋在马路上赛跑的年轻姑娘，梅志感到说不出的心酸。萧红下定决心离开了萧军，可是现在，她却得到了什么呢？

在秉庄，作家靳以是端木和萧红的邻居。这段日子里，他几乎是唯一与萧红有过接触的文艺界的朋友。

据他回忆，萧红和端木在一起的生活很封闭，连窗口都用纸糊住了。身为一家之主的端木完全是一派艺术家的作风，披着长头发，入晚便睡，中午 12 点钟起床，吃过饭，还要睡一大觉。于是萧红不仅要烧饭、做衣裳，在骄阳下跑东跑西，还要因为端木没有起床而饿着肚子等他吃饭。

一天，端木推开窗子，发现邻居家的女佣把一双脏兮兮的旧鞋子放在书桌前的窗台上晾晒。此前多次警告过四邻的女佣不要在窗台上堆放杂物，却还是有人不听话，这让端木不禁大为恼火，故意猛地一推窗扇，窗台上的鞋子便都被推掉了。女佣仗着主人家有势力，便气势汹汹地找上门来。端木开了门，二话不说，一把将那妇人推了出去，妇人顺势倒在地上，不依不饶，大嚷大闹着大学教授打人。端木关上门，丝毫不理会。这件事已在小镇传得满城风雨。

最后还是萧红去收拾的烂摊子。她到镇公所回话，又到医院验伤，最后赔钱了事，一切琐碎又麻烦的事情都是她一个人奔走。端木却一直心安理得地躲在家中，把房门关得紧紧的，就好像事不关己一样。

这件事，让靳以极为愤愤不平。直到萧红去世后，他在回忆她的文章里，靳以依然难以抑制对端木蕻良的愤怒：

> 当她和 D 同居的时候，在人生的路上，怕已经走得很疲乏了，她需要休息，需要一点安宁的生活，没有想到她会遇见这样一个自私的人。他自视甚高，抹却一切人的存在，虽在文章中也还显得有茫昧的理想，可是完全过着为自己打算的生活。而萧红从他那里所得到的呢，是精神上的折磨。她怎么能安宁

呢，怎么能使疾病脱离她的身体呢？

这一年，端木蕻良应戴望舒之邀撰写长篇小说《大江》，2 月 1 日在香港《星岛日报》副刊《星座》上开始连载。由于任课和办刊繁忙，连载小说为端木的生活带来了很大的压力。写到第七章时，端木病倒，想写信告诉戴望舒在报上登载“作者生病暂停”的启事。然而，萧红却劝端木不要停止连载，生病期间由她来代笔。这部近 14 万字的小说，最终于 1939 年 11 月 24 日完稿，其中萧红代写的部分，与端木风格迥异，然而为了纪念两人的合作，在出版单行本时，端木依然保留了萧红的文字。

——这是这段时间里，这对作家夫妇留下的少有的“趣话”。

继“五三”“五四”大轰炸后，日军的空袭目标逐渐从重庆市区向周边郊区蔓延。1939 年 12 月，由于日军探测到北碚藏有国军的军火库，加紧了对这一乡村小镇的轰炸。萧红和端木平静的书斋生活再一次被打破。

渐渐地，敌机不仅是白天轰炸，晚上也肆意在上空盘旋骚扰，俯冲的轰鸣声震耳欲聋。人人都处在恐慌和疲惫中，原本身体就孱弱的萧红，更加忍受不了这种担惊受怕、昼夜不宁的日子。她与端木商量，决定离开重庆，另寻能够安心写作的地方。

武汉沦陷后，大批文人分流到了重庆和桂林，端木的想法是也转移到桂林去，舒群、艾青和鹿地亘等人已在那里。而萧红认为，战火或许还会再向西南蔓延，如果桂林也从后方变成了前线，他们就还要再次转移，不仅身体吃不消，也无法安心写作，不如直接到香港去，能获得较长时间的稳定。当时，萧红和端木都已有作品在香港发表，并且端木正在港报上连载小说《新都花絮》，两人在港的生计也不成问题。

端木顾虑，在内地的抗战热火朝天之时，“逃”到香港可能会招致不好的影响。萧红则说，身为作家，在战时能够写出好的作品，就是对抗战最大的贡献，其他的都不重要。

为此，夫妇俩征求了正在重庆乡下养病的《新华日报》副总编华岗的意见，华岗在综合分析形势后，尤其是了解了萧红的身体状况后，也认为桂林很难久留，支持二人到香港去。

那时，端木刚刚拿到了复旦大学全职教授的聘书，他去信告诉孙寒冰，自己和萧红有转移到香港去的想法。孙寒冰也表示支持，并说，复旦大学已在香港设立了大时代书局，他和萧红到港后，可住在书店的楼上，希望他们可以帮忙编辑“大时代文艺丛书”。

就这样，端木和萧红定下了他们人生的下一站——香港，这也是萧红短暂的一生中，最后的停泊地。

【附录】

靳以（1909—1959），原名章方叙，天津人，现代著名作家。1927年从南开中学高中部毕业后，来到上海进入复旦大学预科，后升入该校商学院国际贸易系本科。1932年大学毕业后，到哈尔滨帮助父亲经营五金行，后弃商从文。在哈尔滨盘桓的半年里，了解到一些底层人物的生活，并借此创作了成名作小说《圣型》。在重庆期间，任复旦大学教授，兼《国民公报》副刊《文群》编辑，并与端木蕻良一起合编了复旦大学《文摘》战时旬刊。

华岗（1903—1972），又名延年，字西园，浙江省衢州市龙游县人，中国现代哲学家、史学家、教育学家。1925年8月加入中国共产党后，开始从事职业革命活动。1938年1月在汉口创办《新华日报》，任总编辑。1939年春退出了具体的编务工作，暂住重庆大田湾乡下养病。

第二十六章
秘密飞港

1940 年 1 月 14 日，端木蕻良和萧红来到城里，托在银行工作的朋友帮忙购买去香港的机票。通常，赴港的机票都非常紧张，往往要等一个月左右。意外的是，这一次，朋友竟然帮他们买到了 1 月 17 日的两张机票，是给中国银行预留的机动舱位。

近在眼前的行期打乱了夫妇二人的一切计划，他们匆匆收拾了需要随身带走的东西，来不及去向朋友辞行，甚至来不及写信一一告知朋友他们的去向，连退房、辞退保姆等杂事都是端木之后打电话托二哥的同学帮忙料理的。

然而，尽管事后端木一再解释，他与萧红的不辞而别实在是由于行程太过匆忙，但他们的这一举动却依然遭到了纷纷非议，这些怀疑和误解，甚至是来自萧红昔日里最好的朋友。

胡风写道：

她忽然没有告诉任何人，随他乘飞机去香港了。她为什么要离开当时抗日的大后方？她为什么要离开这儿许多熟悉的朋友和人民群众，而要到一个她不熟悉的、陌生的、言语不通的地方去？我不知道，我想也没有人能知道他们的目的和打算吧？

靳以甚至是大骂：

不告诉朋友们倒也罢，怎么连大娘都不辞退？走得这样神秘，这样匆忙，为什么？连我这个老朋友都不告诉？连我都不相信？

不解之余，他也为萧红感到担心：怎么会想到去香港哩?！

而绿川英子和梅志则都认定这是萧红屈从了端木蕻良的主意。

对于萧红和端木“谜样的香港飞行”，绿川叹惜道：“喜欢和朋友一道的她，不能不和朋友分离了。”言下之意萧红是被迫与内地的朋友分离的。

梅志亦分析道：

是呀，所有的朋友听到这消息无不表示惊奇，怎么会想到离开抗战的祖国到香港去？后来我才约摸的懂得了她当时的心情，她是以屈就别人牺牲自己的精神去香港的。这里表现她为别人牺牲的伟大，也表现了她跳不出她已感到桎梏的小圈子的软弱。她只希望有一个强大的力量拉住她，不让她去。但她终于远离了抗战的祖国和人民，到那人地生疏，言语不通的亚热带的香港去了！

萧红去世不久，张梅林在回忆她的文章中，就赴港一事提出了自己的解释：

她的飞港颇引起一些熟人的谈论，后来她来信说明飞港原因，不外想安静地写点比较长些的作品。抗战以后她只是写了点散文之类的。其次，也是为了避开讨厌的警报吧。

联系萧红对待创作的一贯态度，梅林的解释无疑道出了她的真实愿望。早在1937年冬天，在武汉时，萧红就有了写作《呼兰河传》的念头。无奈战火连年，她不得不辗转多地避难，又遭遇了感情的剧变，始终没有一个长久的稳定环境或心境让她从事长篇小说的创作。而身体的每况愈下，也让她想尽早留下一部长篇小说的心情变得更加迫切。

可悲的是，这样一颗朴实的、纯粹的创作者的心，却得不到挚友的理解。在萧红悲剧的一生里，这无疑又是一重深重的悲剧。

1940年六七月间，萧红得知胡风曾致信许广平，信中称她“秘密飞港，行止诡秘”。萧红和胡风一向交谊深厚，本以为胡风能同情她的处境，谁知，他非但不同情，甚至还语含讽刺。一向看重友情的萧红，被这件事深深地刺伤了。在7月28日致华岗的信中，她忧愤地写道：

> 关于胡之乱语，他自己不去撤消，似乎别人去谏一点意，他也要不以为然的，那就是他不是胡（糊）涂人，不是胡（糊）涂人说出来的话，还会不正确的吗？他自己一定是以为很正确。假若有人去解释，我怕连那去解释的人也要受到他心灵上的反感。那还是随他去吧！
>
> 想当年胡兄也受到过人家的侮陷，那时是还活着的周先生把那侮陷者给击退了。现在事情也不过三五年，他就出来用同样的手法对待他的同伙了。呜呼哀哉！
>
> 世界是可怕的，但是以前还没有自身经历过，也不过从周先生的文章上看过，现在却不了，是实实在在来到自己的身上了。当我晓得了这事时，我坐立不安地度过了两个钟头，那心情是很痛苦的。过后一想，才觉得可笑，未免太小孩子气了。开初而是因为我不能相信，纳闷，奇怪，想不明白。这样说似乎是后来想明白了的样子，可也并没有想明白，因为我也不想这些了。若是越想越不可解，岂不想出毛病来了吗？您想要替我解释，我是衷心的感激，但请不要了。

华岗是萧红在港期间书信往来最频繁的朋友。1938 年秋天，萧红在武汉等待入川的船票期间，参加了一些文艺界进步人士的聚会，因而与他相识。同年 10 月，也即是萧红抵达重庆不久，《新华日报》迁至重庆继续出刊，当时身为总编辑的华岗亦随同来渝，萧红与他亦时有来往。1939年春天华岗离开了《新华日报》，经组织安排，在大田湾乡下养病。离开重庆前，萧红和端木为了征询华岗的意见，专程从北碚前往大田湾探望。

到香港后，萧红常常把自己的心事与华岗商量，或许不仅因为华岗是她颇为敬重、信赖的朋友，也因为华岗是当时少有地获知她来港的决定，并且支持她的朋友。

来香港半年，由于湿热的气候加重了萧红的肺病，也由于没有可以推心置腹的朋友，她萌生了返回内地的想法，只是因为想写的作品还没有写完，不甘心就这样离开。如此，有一段时间，她都在去与留之间彷徨摇摆，举棋不定。

6月24日，因为对自己身体状态的担忧，她给华岗寄出了第一封信，信中说：

> 我来到了香港，身体不大好，不知为什么，写几天文章，就要病几天。大概是自己体内的精神不对，或者是外边的气候不对。

或许华岗的回信促使她正式考虑了回内地问题，她在7月7日的信中便向华岗报告她的打算：

> 近几天正打算走路，昆明不好走，广州湾不好走，大概要去沪转宁波回内地。不知沪上风云如何，正在考虑。离港时必专函奉告，勿念。

然而，萧红想要完成创作的心，终究还是战胜了想要离开香港的心。7 月 28 日，她写道：

香港似又可住一时了，您的关切，我们都一一考虑了。远在万里之外，故人仍为故人计，是铭心感切的。

她终于使自己留在了这里，并渐渐发现了香港的美——

1941 年 1 月 29 日：

香港天气正好，出外野游的人渐渐的多了。不知重庆大雾还依旧否？

2 月 14 日：

香江并不似重庆那么大的雾，所以气候很好，又加住此渐久，一切熟习，若兄亦能来此，旅行，畅谈，甚有趣也。

对于萧红和端木蕻良在是否离港一事上的徘徊犹豫，张梅林在文中亦曾提及，他认为，他们的离港之念，更主要的是基于人们对香港未来局势的预测：

在 1940 年下半年，正是国际问题专家们拼命讨论“日本

> 南进乎，北进乎”的时候，因之香港的空气是疟疾式的。每次空气紧张，萧红即来信说正在购飞机票回重庆，希望能给先找便房子。但紧张空气一过，她又延宕下来，以长篇《马伯乐》未完成和有病为理由。

端木和萧红初到香港时，暂住在九龙尖沙咀金巴利道纳士佛台3号孙寒冰处。刚刚安顿下来，一位身材高大的客人突然造访，见面后自报家门：“我是戴望舒。”端木和萧红在重庆时就与戴望舒有书信往来，文事合作，见到神交已久的朋友自是十分欢喜。三人一起出去吃了饭，第二天一早，戴望舒又专程来接端木和萧红到他所住的林泉居做客，并诚邀他们搬过来一起住。林泉居是一幢背山面海的三层小楼，四周林木环绕，旁有小溪，四邻多是作家、教授，环境幽雅，适合静养和写作。然而当时端木腿关节风湿病发作，不能上下山坡，只好辞谢了戴望舒热情的邀请。

不久，为了方便编辑“大时代文艺丛书”，端木和萧红搬到了乐道8号二楼一间不足20平方米的小房，与大时代书店为邻。

除了出席一些香港的文化活动外，萧红的大部分时间主要是在写作中度过的。1940年4月，她完成了短篇小说《后花园》，这篇小说与《呼兰河传》有着明显的关联性。后花园是《呼兰河传》中最为重要的场景，小说里的冯二成子亦是《呼兰河传》中冯歪嘴子的前身。外在的安宁和内心的寂寞，使得萧红的神思飞回了遥远的故乡，呼兰河畔的往事在记忆中不断发酵、涌现，化作了笔底浓郁的乡情。《后花园》正是这样一首温情而凄美的思乡曲。

1940年5月27日，几十架日机猛烈地轰炸了北碚复旦大学所在地，教务长孙寒冰等百余人遇难，《文摘》主编贾开基身负重伤。消息传来，香港文化界人士纷纷感到强烈的愤怒与悲痛。端木蕻良想到孙寒冰生前对自己和萧红的帮助，沉痛地写下《悼寒冰》一文，遥寄对亡友的哀思。

第二十七章

是辉煌，亦是终点

1940年八九月间，萧红完成了长篇小说《马伯乐》的第一部。这部小说在重庆时就已经开始酝酿，写于1938年的短篇小说《逃难》中，从潼关逃往西安的何南生，即是后来马伯乐的原型。在《逃难》的基础上，《马伯乐》的内容更丰富，背景更广阔，展现了一幅抗战期间形形色色的流民图。小说不仅有对战时生活的细致刻画，对国民性的深刻剖析，也将在萧红的其他作品中所罕见的幽默和讽刺才能发挥得淋漓尽致。

《马伯乐》脱稿后，萧红又投入到另一部长篇小说《呼兰河传》的续写中。

据蒋锡金回忆：

我想起萧红写的这篇小说，大约开始于1937年的12月。

> 那时是在武昌的水陆前街小金龙巷，萧红每天都忙着给我们做饭，有时还叫我们把衣服脱下来给她捎带着洗。这时她说："嗳，我要写我的《呼兰河传》了。"她就抽空子写。我读了她写的部分原稿，有点纳闷，不知她将怎样写下去，因为读了第一章，又读了第二章的开头几段，她一直在抒情，对乡土的思念是那样深切，对生活的品味是那样细腻，情意悲凉，好像写不尽似的；人物迟迟地总不登场，情节也迟迟地总不发生，我不知道她将精雕细刻出一部什么样的作品来。我喜欢她所写了的这些，认为她写得好，希望她快快地写成。

呼兰河的情思，自1937年底以来一直萦绕于怀，到了远离战火、也更加远离了家乡的南方小岛上，便如泉流一般喷涌而出，自此一发而不可收。

在这部长篇小说里，萧红模糊了小说和散文、自传的界限，打破了以人物为中心的传统小说模式，将呼兰小城的风貌、习俗、人们平凡而卑琐的生活如画卷般一一呈现：这里有跳大神、唱秧歌、放河灯，有野台子戏和娘娘庙大会；有小团圆媳妇、有二伯、冯歪嘴子这些善良、愚昧而悲苦的人们；还有那个天真烂漫的小女孩，和老祖父一起寂寞却快乐地生活着——她不就是萧红儿时生活的印记吗？

饱经忧患的岁月让萧红的笔触至浓而淡，在听任记忆召唤的书写中，呼兰河畔的故事已不只是对故乡一往情深的恋曲，更是一首古老的悲歌，它随着呼兰河水蔓延过悠长的历史和渺远的人世，流淌着生命终极、亘古不变的悲凉。

1940年9月1日，《呼兰河传》在《星岛日报》副刊《星座》上开始连载，直至12月27日连载完毕。这部凝聚着萧红数年来心血和深情的作品，是萧红一生的巅峰之作，亦是20世纪最伟大的华语小说之一。

茅盾在为《呼兰河传》作序时赞叹道：

也许有人会觉得《呼兰河传》不是一部小说。他们也许会这样说，没有贯串全书的线索，故事和人物都是零零碎碎，都是片段的，不是整个的有机体。也许又有人觉得《呼兰河传》好像是自传，却又不完全像自传。

但是我却觉得正因其不完全像自传，所以更好，更有意义。而且我们不也可以说：要点不在《呼兰河传》不像是一部严格意义的小说，而在于它这“不像”之外，还有些别的东西——一些比“像”一部小说更为“诱人”些的东西：它是一篇叙事诗，一幅多彩的风土画，一串凄婉的歌谣。有讽刺，也有幽默，开始读时有轻松之感，然而愈读下去心头就会一点一点沉重起来。可是，仍然有美，即使这美有点病态，也仍然不能不使你炫惑。

2000年，在香港《亚洲周刊》评选出的20世纪优秀中文小说100篇中，萧红的《呼兰河传》名列第九，仅次于《呐喊》(鲁迅)、《边城》(沈从文)、《骆驼祥子》(老舍)、《传奇》(张爱玲)、《围城》(钱锺书)、《子夜》(茅盾)、《台北人》(白先勇)和《家》(巴金)。

1940年是鲁迅先生诞辰59周年，按照中国传统的庆生习惯，正是先生的虚岁花甲冥寿。鲁迅的诞辰之日本是阴历八月初三，但鉴于国民政府已废止阴历，上海文化界人士征得许广平同意后，定在阳历8月3日举办纪念活动，随后在众多媒体上发布消息，向各地发出函约，力图发动战时全国各地文化人士举行一次普遍而隆重的纪念活动。

倡议发出后，香港文化界积极响应，策划举办一场盛大的群众纪念仪式。为丰富活动内容，当时的文协理事、香港《大公报》文艺副刊编辑杨刚找到萧红，提议由她写一部关于鲁迅生平的剧本，在纪念晚会上演出，在端木蕻良和朋友们的鼓励下，萧红接受了任务，开始写作哑剧剧本《民族魂鲁迅》。

之所以要采用哑剧这种形式，当时的香港文协戏剧研究组负责人冯亦代指出：

> 它（哑剧）以沉默、庄肃、表情动作的直接简单取胜，最适宜于表现伟大端严，垂为模范的人格。以它来再现鲁迅先生，似乎能于传达先生的崇高以外，更予观众一种膜拜性的吸力，使先生生活史的楷模性，更能凝定在我们后辈人的生活样式里面。

在写作《民族魂鲁迅》的过程中，因端木早年在南开中学时有过话剧创作的经验，萧红采纳了端木的部分创意。很大程度上来说，这部哑剧是由萧红主笔，夫妇二人共同创作完成的。

遗憾的是，限于文协香港分会的经济状况，以及人力与时间的局促，这部剧作最终未能与观众见面。由冯亦代、丁聪、徐迟等人参照萧红的原作和指导意见，另写了一部一幕四场的哑剧，在纪念会上演出。

8月3日这一天，下午3点，由文协香港分会、中华全国漫画家协会香港分会、青年记者协会香港分会、华人政府文员协会，以及业余联谊社等团体联合举办的鲁迅诞辰60周年纪念会在加路连山的孔圣堂举行。此时的香港大雨如注，而人们依旧打着伞、穿着雨衣向纪念会场走去，赴会者人数并未因恶劣的天气而减少。

萧红在会上报告了鲁迅先生的生平事迹，其中内容大部分根据的是先生的自传，并参证了先生的讲述，也结合了萧红自己的评论。

此后，为纪念鲁迅先生逝世四周年，萧红原作的哑剧剧本《民族魂鲁迅》自10月20—31日在香港《大公报》副刊连载，作者署名萧红。

1940年11月，端木和萧红结识了在港的东北民主运动负责人、《时代批评》主编周鲸文。三人既是同乡，又都从事文艺活动，自是一见如故，倍觉亲近。此后，端木、萧红与周鲸文常相往来，有时一起喝茶，有时二人到周家做客。在周鲸文眼里，端木“身体很弱，中国文人的气质很重，说话慢腾腾的，但很聪明”；萧红则是“面貌清秀，性格爽朗”，“有人说她孤僻，我对她倒没有这种印象”。

1940年圣诞节前夕，萧红一个人拎着一盒圣诞蛋糕去周鲸文家，因走了一段山路，又上了一段楼梯，累得呼吸急促，进屋后坐了好一会儿才慢慢平复下来。周鲸文夫妇看出，萧红的身体很虚弱，进而又觉得很纳闷：“为什么端木不陪她来，让她一人跋涉走这么远的路？”

从那以后，周鲸文夫妇开始注意端木和萧红的关系，他们越来越发现，端木对萧红并不太关心：

端木虽系男人，还像小孩子，没有大丈夫气。萧红虽系女人，性情坚强，倒有男人气质。所以，我们的结论是：端木与萧红的结合，也许操主动权的是萧红。但这也不是说：端木不聪明，他也有一套软中硬手法。端木与我们往来较频，但我们在精神上却同情萧红。

1941 年 1 月，《马伯乐》（上篇）列入“大时代文艺丛书”，由重庆大时代书局出版。不久，萧红开始了《马伯乐》续篇的写作，自 1941 年 2 月 1 日起，在周鲸文主编的《时代批评》上连载，至 11 月中旬刊完前九章。

1941 年 6 月，由周鲸文和端木蕻良共同创办的《时代文学》第一期出刊。该杂志由周鲸文出资筹办，时代书店发行，主编名义上是周鲸文和端木蕻良，实际上是由端木一人负责。

关于创办《时代文学》的初衷，周鲸文解释道：

说来，我是把全副精神办《时代批评》，为什么又添办一个《时代文学》呢？理由很简单，因为端木和萧红是文艺作家，他们希望有这样一种刊物。同时，那时由国内到香港逃难的有大批文艺工作者，也应给他们发表文章的园地。所以，国内外知名的文艺作家都是《时代文学》的特约撰稿人。

1941年7月，萧红在《时代文学》上发表了短篇小说《小城三月》。这是萧红伏身病榻完成的最后一部小说作品，亦是萧红创作的最优秀的短篇小说。它承袭了萧红一贯的写作风格，即小说的散文化，看似没有紧张的情节冲突，却行云流水般地绘出了主人公翠姨的情感历程，看似平平淡淡的叙述，读来却让人感到钝刀磨心般的隐隐疼痛。小说从故乡的春天写起，直到翠姨因爱情的压抑和婚姻的不如意而郁郁而终，笔致由清新转为忧愁，而那种唯美、感伤、委婉动人的情调却笼罩全篇，散发着东北小城春日杨花的芬芳。

从1940年1月到1941年6月，萧红在病魔的侵袭下，以惊人的毅力完成了她一生之中最为成熟的长篇和短篇小说作品。这一年多的时光，无疑是她短暂的创作生涯里一段最动人的高潮。

然而，在迎来辉煌的同时，她却也接近了人生的终点。她仿佛早已预知自己已然时日无多，于是拼尽全力，在消逝以前写下了最后的绚烂。

第二十八章

天涯孤女有人怜

1941 年 1 月，皖南事变爆发后，内地的文化人士大批南下香港。

2 月 17 日，文协香港分会等文化团体，在思豪酒店举办茶会，欢迎史沫特莱、夏衍、范长江等人来港。茶会由萧红主持，史沫特莱发表了演讲。

萧红曾在鲁迅先生的家中结识史沫特莱。后来在武汉时，还就史沫特莱的自传体小说《大地的女儿》发表过读书笔记，这是她一生中最喜欢的书之一。

3 月初，史沫特莱到乐道 8 号的家中探望萧红，她惊讶于萧红和端木蕻良这两位知名作家竟然住房如此简陋、生活如此清苦，如同“置身于苦力阶级的同一经济水平”。见萧红身体病弱，史沫特莱执意邀请她到林荫台别墅与自己同住。然而萧红只在林荫台别墅待了不到一个月的时间，就回到了自己乐道的陋室中。在此期间，她完成了小说《北中国》，被史沫特莱称为“一本描写战争的小说”。

身为战地记者的史沫特莱，对时局有着更切实的认知。她建议萧红和端木尽早离开香港，前往新加坡，以利于萧红养病，还亲自安排新加坡的朋友来港与他们见面。对于史沫特莱的建议，萧红有所心动，却一直犹豫不决。一方面，一些对香港局势持乐观态度的朋友给了她宽慰；另一方面，她和端木也受到了一些事务的耽搁。再加上萧红自身的病情越来越严重，他们最终并未成行。

在史沫特莱的帮助下，萧红得以到香港最大的公立医院——玛丽医院就诊，并进行住院治疗。在香港沦陷前的日子里，她一直得到史沫特莱的接济。

5 月，史沫特莱返回美国，她给端木留下 10 篇小说，希望他译成中文后发表，也带走了萧红和端木的一些作品，准备介绍到美国。萧红托她将自己的《生死场》赠送给美国作家辛克莱。6 月，萧红收到了辛克莱回赠的书以及一封表示感谢的短信。

在这三个月的交往中，萧红不仅给史沫特莱留下了极为深刻的印象，也让她对中国的女性有了更全面的认识。在《中国的战歌》中，她激情洋溢地写道：

> 我想到那些中国妇女们，她们作为医生、护士、政治组织者、教育家在军队中服役或是深入于人民之中，有的人尽管是在艰苦卓绝的条件下工作，她们的雄心和才干却逐年增长。同时我也想到了那些在斗争中失去了青春和在不起眼的岗位上献出了生命的中国妇女们。

> 一代新的中国女性正在战争中锤炼成长，她们在许多方面比美国女性要先进很多。我同这样一个妇女在霍尔主教乡下的家中一起生活过一段时间，她的名字叫萧红。

史沫特莱回到美国后，萧红也离开了医院，她惦记着自己未完成的《马伯乐》，也想帮助端木编辑《时代文学》。

然而到了 7 月，因为一些伴随多年的旧疾越来越严重，萧红不得不再次去医院检查，这一次，她被确诊为肺结核。因为肺部患处已经钙化，医生主张通过注射空气针的方法将结核慢慢放开。在去了两三次医院后，端木和萧红同意了这种疗法。不想，在未治疗前，萧红还能走动如常，并坚持写作，而经过了治疗后，却真的成了病人，体力不够了，行动不便了，咳嗽也加剧了。她只得再次住进了医院。

养病期间，她依然参加了一些必要的文事活动。9 月 1 日，《时代文学》刊发了署名萧红的文章——《给流亡异地的东北同胞书》，这篇文章改写自 1938 年她在武汉发表的《寄东北流亡者》。9 月中旬，《时代文学》“九一八”十周年纪念专号公开发表了由端木、萧红、周鲸文等 374 人签名的《旅港东北人士“九一八”十周年宣言》，传达了将抗战进行到底，早日解放家乡、回归故里的心声。中共东北救亡总会党团书记于毅夫也签署了宣言，他与端木、萧红不仅是朋友和同乡，还是奉中共地下党组织之命，负责与他们联系的领导人。

“九一八”纪念日前夕，萧红抱病写下了《“九一八”致弟弟书》，发表在 9 月 20 日香港《大公报》副刊《文艺》和 9 月 26 日桂林版《大公报》上。这篇文章或许是萧红一生中最后的绝笔。文中以“中国有你们，中国不会亡的”的振奋话语激励和弟弟一样在战场上浴血奋战的中国青年。自上海一别，直到在香港离世，萧红始终无缘与胞弟张秀珂相见，这也是她与秀珂终生的遗憾。

9 月中旬，东北流亡作家骆宾基到港。因身无分文，无处落脚，向同乡端木蕻良求助。经周鲸文同意后，端木将他安顿在《时代批评》社的职工宿舍里。为了让骆宾基拿到稿酬以维持生活，端木撤下了自己在《时代文学》上连载的长篇小说《大时代》，换上了骆宾基的小说《人与土地》。

香港沦陷后，在萧红人生的弥留之际，这位比她小六岁的年轻人，成了陪伴在她身边的最后的朋友。

萧红已完成《马伯乐》的初稿，至 11 月 1 日出版的《时代批评》第四卷第八十二期已全部刊完，她无力再写下去，只得“暂时”中断连载。

11 月 16 日，《时代批评》第八十三期上登出一则启事：

> 启，萧红女士的长篇《马伯乐》因患肺病，未能续写，自本期起，暂停刊载。于此，我祈祝作者早日健元，并请读者宥谅！

这部因病“暂时”搁置的《马伯乐》，最终竟成了萧红的“半部红楼”，永远停留在了第九章，忧伤的马伯乐终究也没有迎来一个光明的结局。

病中的萧红尽管身体难以撑持，精神却并不懒怠，乐观的她一直相信自己能够好起来。

因为耐不住医院的寂寞，萧红不断向端木闹着要回家去住。端木考虑到要照顾病人的情绪，最终同意，并于11月初将她接出了医院。

胡风转移到香港后，得知萧红病重，便来家里探望。见到暌违已久的老朋友，萧红立即勾销了此前的恩怨，高兴地和胡风聊天。或许是想起了曾经在一起编辑《七月》的情景，她说："我们办一个大型杂志吧？把我们的老朋友都找来写稿子，把萧军也找来。"

说到萧军，她没有注意到站在一旁的端木神情尴尬，闷闷不乐，而继续动感情地说："如果萧军知道我病着，我去信要他来，只要他能来，他一定会来看我，帮助我的。"当年那个看到她分娩的痛苦，为了救她不惜和医生大打出手的萧军，她怎么能忘呢？疾病似乎让她更珍惜每一份感情，她多希望她珍惜的朋友们能都回到她的身边，从此再也不要分离。何况萧军还是她自始至终都深深爱着的人呢？

出院的那天，萧红偶然结识了作家萨空了的夫人金秉英。两人都是爽朗的北方女子，一样爱说爱笑，甚至一样爱穿红色的衣服。金秉英每天都来家里与萧红做伴，半卧在床上的萧红笑语盈盈，和这位格外投契的朋友在一起，更像有说不完的话。

萧红兴奋地计划着圣诞节聚餐，每个参加聚餐的人，都要准备自己的拿手菜，而她将和金秉英比试烙葱油饼。她屈指计算着、盼望着，还有20多天才到圣诞节啊……

她又约金秉英明年一起去青岛看海，似乎深信不疑，明年，自己的身体一定能好起来；明年，战争就结束了，她就可以回到内地了。她说："我们可以整天坐在海边的石头上谈天，只有我们两个人。"转念一想，又说，“带个男朋友去，替我们提提皮箱，跑跑腿……”

这样一个热情、快乐的萧红，怎能是个病人呢？

这样一个心怀憧憬、相信明天的萧红，哪里像个病人呢？

谁会想到，她还没有盼来圣诞节，便病情恶化，再也没能站起来。谁会想到，她也还没有等到一个和平的“明年”，便永远地离开了这个她曾种下希望的世界。

著名南社诗人柳亚子来港后，因在《时代文学》上发表诗作而与端木熟识。来家中拜访后，亦结识了病榻上的萧红，并从此建立了忘年的交谊。

由于在家医疗不便，萧红的病体一天比一天糟糕。此前她吃药、住院的开销多是周鲸文、于毅夫和柳亚子等人帮忙分忧。这一次，考虑到萧红不愿意住院，可能是因为经济上的拮据，柳亚子特意找周鲸文约谈萧红治病的事，希望他能够多资助萧红。周鲸文的经济条件比其他朋友优裕，因而更觉义不容辞。他安排萧红住进了玛丽医院，并向端木和萧红保证，一切医疗开支，完全由他负责。

住院几天后，萧红的病情稍有缓解。然而住在传染病房中，朋友们不便看望，医生又不许她看书，每天只是晒太阳，呼吸新鲜空气，这让萧红备感无聊，又孤寂难耐。

她所在的病房三面临海，空气流通，光线充足，这是医院对肺结核病人的有意安排。但萧红不喜欢这种敞开式的病房，觉得如同露宿。此时的香港已进入冬季，整天吹着海风，萧红受凉后不停地咳嗽。她向护士要求打止咳针，护士态度傲慢地回答，院方有规定，药品是由医生来开而非病人要求。她于是又告诉医生，自己咳嗽得很厉害，不想医生却说："咳嗽不要紧，你不要心急……肺病还有不咳嗽的吗？"

住院的寂寞和医护人员的冷漠无情让萧红一天也不愿再待下去，端木只能好言劝慰她安心配合治疗，等病好了再出院。

11 月底，于毅夫到医院看望萧红，萧红说起住院后的寂寞苦楚，哀求于毅夫让她离开医院。于毅夫被萧红的悲诉打动了，不忍再让萧红受委屈，当天就把萧红接回了家。

于毅夫的感情用事，让周鲸文深为不满，他知道住在家里对萧红来说不会有任何帮助。他走进那间狭小、简陋而凌乱的卧室，看到萧红精疲力竭地躺在一张又老又破的床上，瘦削的脸上只有两只大眼睛尚且流露着光芒，心中更感到难以形容的悲酸。他给了端木一些钱，嘱咐他一定要让萧红去医院治疗。

倔强的萧红却再也不愿回到医院。直到太平洋战场的炮火烧到了香港，她依然"静养"在自家的小屋中。

11 月 30 日，柳亚子带着一束秋菊前来看望。萧红让女佣清理掉花瓶里的残枝败叶，插上了诗人带来的鲜花。——清淡的菊香溢散开来，花束静美地立在瓶中，美得浸透人心。而年仅 30 岁的萧红，却只能"枯萎"地躺在病榻上。

两人畅谈了一阵，柳亚子忽然拿出诗册请萧红题诗。萧红感念老诗人对自己的垂爱，提笔写道：

天涯孤女有人怜

此句一出，不觉得牵扯出万千往事——想到自己离开了所有亲人，从东北一路浪迹到香港，正当人生鼎盛，却被病魔缠身，心有余而力不足——萧红不禁泪流满面，不能自持，合上诗册，交还给柳亚子。

看到“天涯孤女”苍白的脸上滚下的颗颗泪珠，诗人亦感到无限的悲戚，沉吟道：

轻飏炉烟静不哗，胆瓶为我斥群花。
誓求良药三千艾，依旧清淡一饼茶。
风雪龙城愁失地，江湖鸥梦尚宜家。
天涯孤女休垂涕，珍重春韶鬓未华。

第二十九章

去往碧水云天处

1941年12月8日早晨8点，九龙上空凄厉的警报声骤然大作。日军飞机轮番轰炸位于九龙的启德机场，掐断了香港与外界唯一的航空通道，与此同时，兵分两路，袭击新界和九龙半岛。

从上海，到武汉，到重庆，再到香港，战火再一次追上了萧红逃亡的脚步。

这一天，是夏威夷时间12月7日，日军偷袭美国太平洋海军基地珍珠港，日本政府随即颁布了对英美宣战的天皇诏书。太平洋战争正式打响。

凄厉的警报，盘旋的飞机，此起彼伏的轰炸，玻璃被震碎的声音，逃命的人们仓皇地惊叫……这一切，在萧红听来都并不陌生。可是，此前每一次经历这些，哪怕是在身怀六甲、大腹便便的时候，她至少也是个能行动自如的正常人，而这一次，她怕是再也逃不掉了。

不久，端木蕻良接到骆宾基打来的辞行电话，战争爆发，他想突围返回内地。端木请求骆宾基暂时不要走，留下来帮忙照顾萧红。骆宾基想到几个月来端木对自己的帮助，又想到萧红卧病在床的难处，立即应允，并很快赶了过来。

上午9点，柳亚子冒着空袭赶到乐道来看望萧红。他关切地问："你好一些吗？"萧红抓住他的手，眼里流露出极度的恐惧，不断说："我害怕！"

"你怕什么呢？"柳亚子安慰道，"不要怕。"

萧红颤声说："我怕……我就要死。"

听萧红如此说，柳亚子心中亦觉难以平静，为了安慰她，他强作镇定，说："这时候谁敢说能活下去呢？这正是发扬民族正气的时候，谁都要死，人总是要死的，为了要发扬我们民族的浩然正气，这时候就要把死看得很平常……"

萧红说："我是要活的！"她的声音依旧暗哑而低弱。

柳亚子要回去了，端木送他出门，临走前叮嘱骆宾基："你不要走，陪陪萧红，我一会儿就回来。"

萧红仿佛怕被人抛弃似的，惨白的脸上现着恐怖的神情，对骆宾基说："你不要离开我，我怕……"

12月9日凌晨，在于毅夫的帮助下，端木蕻良和骆宾基带着萧红渡海转移到香港岛，住进香港思豪大酒店五楼的一间客房。而此时，日军势如破竹，步步紧逼，香港岛同样危在旦夕。

12月11日，英军开始从九龙撤退。

12月12日，日军攻占九龙。

12 月 15 日，戒严开始，食品被管制出售。

12 月 16 日，日军试图强行渡海，炮声彻夜未停。

据说，萧红住进思豪酒店不久后，端木就出门去了。约有七八天的时间，他间或回来过一两次，但又马上离开，不知去向。

一天，萧红突然对骆宾基说："端木是准备和他们突围的。他从今天起，就不来了，他已经和我说了告别的话。我不是已经说得很清楚吗？我要回到家乡去。你的责任是送我到上海。你不是要去青岛吗？送我到许广平先生那里，你就算是给了我很大的恩惠。我不会忘记。有一天，我还会健健康康地出来。我还有《呼兰河传》的第二部要写……"

端木回来了，为萧红带来两个苹果。萧红问："你不是准备突围吗？"

"小包都打起来了，等着消息呢！"端木说着，不久就走了。

多年以后，萧军听说了这件事。直到古稀之年，他依然难抑心头的愤怒，在文中痛斥端木蕻良道：

> 于萧红病入垂危之际，斯时日寇正进军香港，彼号称萧红"知己"D.M 者，竟怀资鼠窜而逃，弃萧红于不顾！呜呼！"人"之无良竟至于如斯乎？一叹！

在思豪酒店的几天，萧红大多是在回忆中度过的。骆宾基是张秀珂的朋友，得知这层关系后，萧红对骆宾基更感亲近，对他倾诉，就像是对久别重逢的弟弟倾诉。

她说到呼兰老家，说到自己的父亲，说到一路流亡的悲欢离合，自然也说到了萧军。断断续续的轰鸣声中，她感到无边的恐惧。她知道，若是此时萧军在身边，自己一定不会这样害怕。和萧军在一起的时候，无论多大的困厄，他都会主动替她扛起来，只要有他坚实的怀抱，她就会觉得自己是安全的。而现在呢？她无法不担心自己会被唯一的亲人离弃，无法不担心自己会死在这连天的炮火之中……

12 月 18 日晚，日军从香港北角登陆，日英双方激烈交火。一颗炮弹落在了思豪酒店的六楼。

端木蕻良到底没有突围，他回到了萧红的身边，在这个绝望的夜里，带给了妻子一丝凄凉的希望。

19 日一早，端木蕻良和骆宾基将萧红转移到后山别墅。而后又在于毅夫的协助下迁至联合道 7 号周鲸文家。周家此时已住进了很多避难的亲友，无法再安置一个肺结核病人。他们只能再次转往告罗士打酒店。临行前，周鲸文交给了端木蕻良 500 元港币。

驻港英军节节败退，日军攻入黄泥甬道。不久，占领了告罗士打酒店，改名半岛酒店，作为指挥部。几经辗转，萧红被安排到时代书店的书库里暂时落脚。

12 月 25 日下午，港督下令停战，宣布投降。香港沦陷。

在这个萧红曾期盼着和朋友们聚餐的圣诞节，她再一次目睹了一座城市的倾覆。

傍晚，周鲸文来到书库看望萧红，只见她蜷伏在一架小床里，似在沉沉熟睡中。周鲸文不愿打扰，拖着沉重的脚步离开了这里。

这是他最后一次见到萧红，14 天后，他乘渔船逃出了香港。

12 月 28 日，日军举行“入城仪式”，发行军票，正式接管香港。紧接着，出动大批特务搜捕中共干部、民主人士和文化界进步人士。

1942 年 1 月 9 日，30 多位文化人士由东江纵队护卫，撤离港九。

1 月 15 日，柳亚子亦秘密离港。行前馈赠给萧红一笔医药费。

萧红和端木在香港的朋友越来越少。此前一直帮助他们撤退的于毅夫找到端木，代表组织把用于撤退和给萧红治病的钱交给他，并告诉他，因为自己要帮助其他人撤离，端木和萧红的撤退，组织安排由王福时负责，一旦萧红能够行动，就立即与之联系，由其护送离港。

连日来的惊惧和颠簸，使得萧红的病情进一步恶化，咽喉水肿，呼吸困难，急需就医。端木多方打听和寻找之后，得知香港最大的私立医院——养和医院已开始收治病人。1 月 12 日晚上，他将萧红送入了这家医院。

经诊断，萧红的病症是由气管结瘤引起的，必须通过手术摘除结瘤。端木坚决不同意手术，原因是他的二哥曾因骨结核开刀失败而卧床多年，他知道结核病人刀口不易愈合，故而十分担心手术的严重后果。

但萧红治病心切，呼吸困难和憋闷已经让她无法平躺，在病痛的折磨下，她已听不进端木的任何劝阻，以为一旦手术就能迅速解除痛苦。见端木始终迟疑不决，她自己拿起笔在手术单上签下了名字。

1 月 13 日，萧红被推入了手术室。手术似乎进行得很顺利，结束后，萧红很快苏醒了过来。

端木一颗悬着的心似乎就要放下了，他看到萧红想要说话，连忙俯下身去，却听见妻子用沙哑的嗓音说："开刀的时候，我听医生说没有瘤……"

无论是在身体上还是精神上，医生的误诊对于萧红无疑都是重重的一击。这一次，她更真切地感到了死亡的迫近。

由于手术后刀口不封口引发感染，更由于缺医少药，萧红一连几天高烧不退，养和医院束手无策。

1月18日，在一名朝日新闻社随军记者的帮助下，端木蕻良和骆宾基把萧红转入了刚刚开始收治病人的玛丽医院。下午2点，萧红在玛丽医院手术室安装了喉口呼吸铜管，至此，她完全丧失了说话的能力。

19日零点，萧红见骆宾基醒来，眼中流露出关切的神情，她微微笑着，打手势示意骆宾基给她一支笔。

得到纸笔后，她写道：

> 我将与碧水蓝天永处。

骆宾基连忙说："你不要这样想，为什么……"话未说完，萧红便挥手示意他不要打断自己的思路，她继续写道：

> 留得那半部《红楼》给别人写了。

又写：

半生尽遭白眼冷遇，身先死，不甘，不甘。

而后，掷笔微笑。

凌晨3点，萧红示意要吃药，并吃苹果半个。她在纸上写道：

这是你最后和我吃的一个苹果了！

写下这样凄凉的话，她的神色却很恬静，仿佛已远离了所有的恐惧和痛苦。

两天之后，玛丽医院被日军接管，门外挂上“大日本陆军战地医院”的牌子，病人一律被赶出。萧红又被转移至一家法国医院，但法国医院随即也被军管，病人都被赶到法国医生设在圣士提反教会女校的临时救护站里。这里没有药品，也缺乏医护人员，条件极其恶劣。手术后的萧红，至此已到了山穷水尽的绝境。

意识到自己已时日无多，萧红费力地在纸上写下“鲁迅”“大海”等几个字，希望端木暂时将她埋葬在一个面朝大海的地方，将来若有可能，再迁至鲁迅墓旁。

1月22日早晨6点，萧红陷入深度昏迷。医生无计可施，示意端木蕻良准备后事。

9点，骆宾基看见她仰脸躺着，脸色惨白，合着眼睛，头发披散地垂在枕上，但牙齿还有光泽，嘴唇还红着。

渐渐地，她的嘴唇逐渐转黄，脸色也逐渐灰暗，喉管开刀处有泡沫涌出。

1942年1月22日上午10点，萧红悄无声息地离开了爱她的人们，终年31岁。

悲痛欲绝的端木蕻良请来了一位摄影师，为萧红留下了最后的容颜。

在送萧红的遗体去火化的路上，他用小剪子剪下了一缕爱妻的头发，放在自己贴身的口袋里，仿佛这样做，她从此就不会离开他了。

几经周折，端木终于获准将爱妻的遗骨埋葬在浅水湾的海滩边。

为了最大程度地确保能留住骨灰，端木将萧红的骨灰分装在两个瓷瓶里。

1月25日，端木在骆宾基的陪同下，进入日军军事封锁区，将一半骨灰埋在浅水湾丽都酒店前石砌的花坛中，封土之后，在上面立下了他亲笔书写的“萧红之墓”的木牌。

1月26日，在中文大学一个学生的陪同下，端木将另一半骨灰埋在了圣士提反女校后院土山东北向的一棵树下。

萧红在这遥远的异乡，静静地安歇了。

第三十章
生死相隔不相忘

1942年1月底，端木蕻良、骆宾基在王福时的陪同下，乘坐日本白银丸号客轮离开香港前往澳门，而后经澳门辗转返回桂林。

1942年4月，萧红病逝的消息传到了延安。5月1日下午，在延安文艺界举行的萧红追思会上，萧军沉痛地向与会人员报告了萧红的生平和著作。

1942年夏，张秀珂在新四军军部出版的文艺副刊上读到了悼念萧红的启事，在悲痛中写下了一首极尽哀思、怀念的长诗，后又将诗作毁掉。

1942年11月，受端木蕻良之托，戴望舒和叶灵凤在一位日本记者的帮助下，进入当时还是禁区的浅水湾，费尽周折寻到了萧红墓，在她墓边放下了一束盛开的红山茶。

1946年秋，萧军回到了他阔别12年的哈尔滨，偶然在旧书摊上看到了《跋涉》一书——他与萧红最早的作品合集。悲喜交集的萧军买下这部旧作，在扉页的空白处题下：

珠分钗折，人间地下，一桢宛在，伤何如之。

1946年，骆宾基写下第一部关于萧红的传记《萧红小传》，1947年由建文书店出版发行。

1956年，浅水湾一带的改建工程危及到萧红墓，香港报人陈凡投书《人民日报》，介绍了墓地被破坏的现状，呼吁道："当年的'生死场'，而今成为祖国建设繁荣之地，也应该接萧红回去看看吧？"

经过香港文艺界人士不遗余力的热心奔走，在香港中英文化学会和有关当局的勉力协助下，1957年7月22日下午3时，15年前埋葬于浅水湾畔的萧红骨灰发掘出土。

1957年8月3日，香港文艺界同仁于九龙红磡永别亭举行了庄重的萧红骨灰送别仪式。仪式结束后，由香港文艺界代表叶灵凤、曹聚仁等6人护送萧红骨灰至深圳。在端木蕻良的委托下，中国作家协会广州分会的代表小说家黄谷柳、诗人陈芦荻等人专程恭迎，双方举行了简单的交接仪式。

1957年8月15日，萧红骨灰被安葬于广州东郊珠江之畔的银河公墓。她受到了烈士级别的保护，却始终未能实现回到鲁迅先生身边的夙愿。

20世纪50年代，政治运动不断。运动初期，有位领导多次找端木蕻良谈话，要他揭发胡风，交代问题，端木始终保持沉默。后来那位领导以“抗拒运动”的罪名相逼，端木只得无可奈何地自责一番，领导哼了一声，说：“你的认识吗，有那么一点儿进步，算是态度开始端正。但是你谈得很空洞，没有实质性的内容，这是过不了关的。”

那位领导又说：“很清楚，萧红就是胡风分子，你还能逃脱吗？”

这时，端木神态骤变，一张为痛苦扭曲了的脸孔，涨得通红，嘴唇颤抖着，讲话像陶瓷的破裂声，刺耳惊心：“鞭尸是封建帝王的做法！我自己，无论是坐牢、枪毙，由你处置。但我决不许污蔑萧红！”他猛地站起身来，全身索索发抖。

领导连吼了两声：“你坐下！”

端木径直走出办公室，不管领导怎样吼叫，他也不回头。

1960年，萧红逝世18年后，端木蕻良与话剧演员钟耀群成婚。钟耀群理解和尊重端木对萧红的感情，并在日后的数十年中，悉心照拂着体弱多病的端木。

1978年7月12日，萧军从抄家返还的杂物中，偶然发现了萧红写给他的40多封信，不禁惊喜万分。他将信上文字皆用毛笔抄录一份，之后，又将它们按时间顺序排列出来，并分别做了注释，成书16万字，定名为《萧红书简辑存注释录》。书后题诗九首：

四十年前旧楮书，抄来字字认模糊！
松花江畔前尘影，故梦依稀忆有无。

生离死别已吞声，缘结缘分两自明。
早有《白头吟》约在，陇头流水各西东。

文章憎命鬼欺人，一别何期剧委尘！
地北天南哀两地，已无只手再援君。

珍重当年总难情，于无人处自叮咛！
落花逝逐春江水，冰结寒泉咽有声。

薄幸多情已莫论，纲常道义总堪珍；
漫言犬马能忠主，况是衣冠队里“人”？

一代才人竟若何？饥寒贫病足风波！
世间尽有西江水，滴沫应难到涸辙。

飘零陈迹忆程程，喋血狼山几死生！
北辙南辕分异路，海天紫塞两冥冥。

万语千言了是空，有声何若不声声？
鲛人泪尽珠凝血，秋冷沧江泣月明。

负义辜恩贱莫论，高山流水几知音？
钟期死去哀千古，地老天荒一寸心！

诗中透出浓郁的惋惜与自责之意，他感慨着，她病逝时他们天南地北，隔着遥远的距离，他没有办法给她任何帮助。

1985年，已过古稀之年的端木蕻良应邀前往武汉参加黄鹤楼笔会，期间专门抽出时间寻访汉口大同酒家——当年他与萧红举行婚礼的地方。

当费了九牛二虎之力终于找到后，端木拄着手杖，不顾喘息，迫不及待地爬上二楼，凭吊当年。47年前的情景宛如犹在眼前，端木百感交集，含泪叹息。

1987年11月4日，75岁的端木由钟耀群陪同，去广州银河公墓祭扫萧红墓碑。他跌跌撞撞地扑向碑前，用手指揩拭萧红相片上的尘土，就像昔时为萧红揩拭脸上的泪水一样……扫墓归来，他写下《风入松——为萧红扫墓》：

> 生死相隔不相忘，落月满屋梁。梅边柳畔，呼兰河也是潇湘。洗去千年旧点，墨镂斑竹新篁。
>
> 惜烛不与魅争光，箧剑自生芒。风霜历尽情无限，山和水同一弦章。天涯海角非远，银河夜夜相望。

1988年6月22日，萧军在北京逝世。

1992年11月6日，萧红纪念碑和萧红墓在呼兰西岗公园落成。石棺内埋下了萧红的一缕青丝——她病故时，由端木蕻良亲手剪下，并保存了50年之久。

至此，这位漂泊一生的女子，终于在离开人世的50年后，回到了自己的故土。

1996年10月5日，端木蕻良在北京病逝。1997年5月，钟耀群携带着端木的部分骨灰专程飞往香港，来到当年萧红病逝的圣士提反女校，并寻到当年端木埋葬萧红部分骨灰的东北向山坡，将端木的骨灰撒在了一棵红影树下，以了却端木生前对萧红的无限眷恋之情。

附录 1

萧红作品表

1932 年

《可纪念的枫叶》（诗歌）

创作于 1932 年春，收入自编诗稿中，生前未公开发表，首刊于 1980 年 10 月“中国现代文学研究丛刊”第三辑《萧红自集诗稿》。

《静》（诗歌）

创作于 1932 年春，收入自编诗稿中，生前未公开发表，首刊于 1980 年 10 月“中国现代文学研究丛刊”第三辑《萧红自集诗稿》。

《偶然想起》（诗歌）

创作于 1932 年春，收入自编诗稿中，生前未公开发表，首刊于 1980 年 10 月“中国现代文学研究丛刊”第三辑《萧红自集诗稿》。

《栽花》（诗歌）

创作于 1932 年春，收入自编诗稿中，生前未公开发表，首刊于

1980年10月“中国现代文学研究丛刊”第三辑《萧红自集诗稿》。

《春曲》（六首）（诗歌）

创作于1932年春。收入自编诗稿中。《春曲》（之一）收入1933年10月五日画报印刷社（哈尔滨）出版的《跋涉》（与萧军诗文合集）。首刊于1980年10月“中国现代文学研究丛刊”第三辑《萧红自集诗稿》。

《幻觉》（诗歌）

创作于1932年7月30日，首刊于1934年5月27日《国际协报·国际公园》，署名悄吟。

1933年

《弃儿》（散文）

创作于1933年4月18日，首刊于1933年5月6—17日《大同报·大同俱乐部》（长春），署名悄吟。

《王阿嫂的死》（短篇小说）

创作于1933年5月21日，收入1933年10月五日画报印刷社（哈尔滨）出版的《跋涉》（与萧军诗文合集），署名悄吟。

《看风筝》（短篇小说）

创作于1933年6月9日，首刊于《哈尔滨公报·公田》。收入1933年10月五日画报印刷社（哈尔滨）出版的《跋涉》（与萧军诗文合集），署名悄吟。

《腿上的绷带》（短篇小说）

创作日期不详，首刊于1933年7月18—21日《大同报·大同俱乐部》(长春),署名悄吟。

《小黑狗》(散文)

创作于1933年8月1日,首刊于1933年8月13日《大同报·夜哨》(长春)第一期。收入1933年10月五日画报印刷社(哈尔滨)出版的《跋涉》(与萧军诗文合集),署名悄吟。

《太太与西瓜》(短篇小说)

创作日期不详,首刊于1933年8月4日《大同报·大同俱乐部》(长春),署名悄吟。

《两个青蛙》(短篇小说)

创作于1933年8月6日,首刊于1933年8月6日《大同报·夜哨》(长春)创刊号,署名悄吟。

《八月天》(诗歌)

创作日期不详,首刊于1933年8月13日《大同报·夜哨》(长春)第一期,署名悄吟。

《哑老人》(短篇小说)

创作于1933年8月27日,首刊于1933年8月27日、9月3日《大同报·夜哨》(长春)第三期、第四期,署名悄吟。

《夜风》(短篇小说)

创作于1933年8月27日,首刊于1933年9月24日—10月8日《大同报·夜哨》(长春)第七期至九期。收入1933年10月五日画报印刷社(哈尔滨)出版的《跋涉》(与萧军诗文合集),署名悄吟。

《叶子》(短篇小说)

创作于1933年9月20日,首刊于1933年10月15日《大同报·夜哨》(长春)第十期，署名悄吟。

《广告副手》(散文)

创作日期不详，收入1933年10月五日画报印刷社(哈尔滨)出版的《跋涉》(与萧军诗文合集)，署名悄吟。

《跋涉》(诗文合集)

1933年10月，五日画报印刷社(哈尔滨)出版，萧红(悄吟)、萧军(三郎)诗文合集，收萧红、萧军作品12篇，附萧军《书后》一篇。收入萧红的作品:《春曲》《王阿嫂的死》《广告副手》《小黑狗》《看风筝》《夜风》，署名悄吟。

《中秋节》(散文)

创作日期不详，首刊于1933年10月29日《大同报·夜哨》(长春)第十二期，署名玲玲。

《清晨的马路上》(短篇小说)

创作日期不详，首刊于1933年11月5—12日《大同报·夜哨》(长春)第十三期至十四期，署名悄吟。

《渺茫中》(短篇小说)

创作于1933年11月15日，首刊于1933年11月26日《大同报·夜哨》(长春)第十六期，署名悄吟。

《烦扰的一日》(散文)

创作于1933年12月8日，首刊于1933年12月17—24日《大同报·夜哨》(长春)第十九期至二十期，署名悄吟。收入1936年11月文化生活出版社(上海)出版的《桥》。收入1940年6月大时代书局(重庆)出版的《萧红散文》时，改篇名为《一天》。

《破落之街》（散文）

创作于1933年12月27日，收入1936年11月文化生活出版社（上海）出版的短篇小说、散文集《桥》，署名悄吟。

1934年

《离去》（短篇小说）

创作于1934年2月13日，首刊于1934年3月10—11日《国际协报·国际公园》（哈尔滨）。收入1936年11月文化生活出版社（上海）出版的《桥》，署名悄吟。

《夏夜》（散文）

创作日期不详，首刊于1934年3月6—7日《国际协报·国际公园》（哈尔滨）。收入1936年11月文化生活出版社（上海）出版的《桥》，署名悄吟。收入1940年6月大时代书局（重庆）出版的《萧红散文》。

《患难中》（短篇小说）

创作于1934年3月8日，首刊于1934年3—5月间的《国际协报·文艺》（哈尔滨），署名田娣。目前该篇小说仅发现刊于5月3日的最后一部分。

《出嫁》（短篇小说）

创作于1934年3月8日，首刊于1934年3月20日《国际协报·国际公园》（哈尔滨），署名悄吟。

《蹲在洋车上》（散文）

创作于1934年3月16日，首刊于1934年3月30—31日《国际协报·国际公园》（哈尔滨）。收入1936年11月文化生活出版社（上海）出版的《桥》，署名悄吟。收入 1940 年 6 月大时代书局（重庆）出版的《萧红散文》时，改篇名为《皮球》。

《麦场》（小说）

创作日期不详，首刊于 1934 年 4 月 20 日—5 月 17 日《国际协报 · 国际公园》（哈尔滨），署名悄吟。该篇为 1935 年 12 月上海荣光书局出版的《生死场》前两章（《麦场》《菜圃》）。

《镀金的学说》（散文）

创作日期不详，首刊于 1934 年 6 月 14—28 日《国际协报 · 文艺》（哈尔滨），署名田娣。

《进城》（短篇小说）

创作日期不详，首刊于 1934 年夏《青岛晨报》副刊。该篇目前只存篇目，刊载的具体日期和署名不详。

《生死场》（中篇小说）

创作完成于 1934 年 9 月 9 日，共 17 章。作为“奴隶丛书”之三，1935 年 12 月由上海荣光书局出版，署名萧红。该书鲁迅作《序》，胡风作《读后记》。

《去年今日》

该篇只存篇目，首刊于 1934 年《国际协报》（哈尔滨）副刊，文体、创作日期、首刊日期、署名均不详。

1935 年

《小六》（散文）

创作于 1935 年 1 月 26 日，首刊于 1935 年 3 月 5 日《太白》（上海）第一卷第十二期，署名悄吟。收入 1940 年 6 月大时代书局（重庆）出版的《萧红散文》时，改篇名为《搬家》。

《过夜》（散文）

创作于 1935 年 2 月 5 日，首刊于 1936 年 2 月 20 日《海燕》（上海）第二期，署名萧红。收入 1936 年 11 月文化生活出版社（上海）出版的《桥》，署名悄吟。收入 1940 年 6 月大时代书局（重庆）出版的《萧红散文》时，改篇名为《黑夜》。

《欧罗巴旅馆》（散文）

创作于 1935 年 3—5 月间，首刊于 1936 年 7 月 1 日《文季月刊》第一卷第二期，署名悄吟。收入 1936 年 8 月上海生活出版社出版的《商市街》。

《雪天》（散文）

创作于 1935 年 3—5 月间，收入 1936 年 8 月上海生活出版社出版的《商市街》。

《他去追求职业》（散文）

创作于 1935 年 3—5 月间，收入 1936 年 8 月上海生活出版社出版的《商市街》。

《家庭教师》（散文）

创作于 1935 年 3—5 月间，首刊于 1936 年 2 月 1 日《中学生》（上海）第六十二期，署名悄吟。收入 1936 年 8 月上海生活出版社出版的《商市街》。

《来客》（散文）

创作于 1935 年 3—5 月间，收入 1936 年 8 月上海生活出版社出版的《商市街》。

《提篮者》（散文）

创作于1935年3—5月间，收入1936年8月上海生活出版社出版的《商市街》。再刊于1937年1月31日《泰东日报》（大连）《辽水周刊》。

《饿》（散文）

创作于1935年3—5月间，首刊于1935年6月1日《文学》（上海）第四卷第六号，署名悄吟。收入1936年8月上海生活出版社出版的《商市街》。

《搬家》（散文）

创作于1935年3—5月间，收入1936年8月上海生活出版社出版的《商市街》。

《最末的一块木柈》（散文）

创作于1935年3—5月间，收入1936年8月上海生活出版社出版的《商市街》。

《黑列巴和白盐》（散文）

创作于1935年3—5月间，收入1936年8月上海生活出版社出版的《商市街》。

《度日》（散文）

创作于1935年3—5月间，收入1936年8月上海生活出版社出版的《商市街》。

《飞雪》（散文）

创作于1935年3—5月间，收入1936年8月上海生活出版社出版的《商市街》。

《他的上唇挂霜了》（散文）

创作于 1935 年 3—5 月间，收入 1936 年 8 月上海生活出版社出版的《商市街》。

《当铺》（散文）

创作于 1935 年 3—5 月间，收入 1936 年 8 月上海生活出版社出版的《商市街》。

《借》（散文）

创作于 1935 年 3—5 月间，收入 1936 年 8 月上海生活出版社出版的《商市街》。

《买皮帽》（散文）

创作于 1935 年 3—5 月间，收入 1936 年 8 月上海生活出版社出版的《商市街》。

《广告员的梦想》（散文）

创作于 1935 年 3—5 月间，首刊于 1936 年 3 月 1 日《中学生》（上海）第六十三期，署名悄吟。收入 1936 年 8 月上海生活出版社出版的《商市街》。

《新识》（散文）

创作于 1935 年 3—5 月间，收入 1936 年 8 月上海生活出版社出版的《商市街》。

《“牵牛房”》（散文）

创作于 1935 年 3—5 月间，收入 1936 年 8 月上海生活出版社出版的《商市街》。

《十元钞票》（散文）

创作于1935年3—5月间，收入1936年8月上海生活出版社出版的《商市街》。

《同命运的小鱼》（散文）

创作于1935年3—5月间，首刊于1936年4月1日《中学生》（上海）第六十四期，署名悄吟。收入1936年8月上海生活出版社出版的《商市街》。

《几个欢快的日子》（散文）

创作于1935年3—5月间，收入1936年8月上海生活出版社出版的《商市街》。

《女教师》（散文）

创作于1935年3—5月间，收入1936年8月上海生活出版社出版的《商市街》。

《春意挂上了树梢》（散文）

创作于1935年3—5月间，作为“随笔三篇”（之一）首刊于1936年5月1日《中学生》（上海）第六十五期，署名悄吟。收入1936年8月上海生活出版社出版的《商市街》。

《小偷、车夫和老头》（散文）

创作于1935年3—5月间，收入1936年8月上海生活出版社出版的《商市街》。

《公园》（散文）

创作于1935年3—5月间，作为“随笔三篇”（之二）首刊于1936年5月1日《中学生》（上海）第六十五期，署名悄吟。收入1936年8月上海生活出版社出版的《商市街》。

《夏夜》（散文）

创作于 1935 年 3—5 月间，作为“随笔三篇”（之三）首刊于 1936 年 5 月 1 日《中学生》（上海）第六十五期，署名悄吟。收入 1936 年 8 月上海生活出版社出版的《商市街》。

《家庭教师是强盗》（散文）

创作于 1935 年 3—5 月间，收入 1936 年 8 月上海生活出版社出版的《商市街》。

《册子》（散文）

创作于 1935 年 3—5 月间，作为“随笔三篇”（之一）首刊于 1936 年 6 月 1 日《中学生》（上海）第六十六期，署名悄吟。收入 1936 年 8 月上海生活出版社出版的《商市街》。

《剧团》（散文）

创作于 1935 年 3—5 月间，作为“随笔三篇”（之二）首刊于 1936 年 6 月 1 日《中学生》（上海）第六十六期，署名悄吟。收入 1936 年 8 月上海生活出版社出版的《商市街》。

《白面孔》（散文）

创作于 1935 年 3—5 月间，作为“随笔三篇”（之三）首刊于 1936 年 6 月 1 日《中学生》（上海）第六十六期，署名悄吟。收入 1936 年 8 月上海生活出版社出版的《商市街》。

《又是冬天》（散文）

创作于 1935 年 3—5 月间，收入 1936 年 8 月上海生活出版社出版的《商市街》。

《门前的黑影》（散文）

创作于 1935 年 3—5 月间，收入 1936 年 8 月上海生活出版社出版的《商市街》。

《决意》（散文）

创作于 1935 年 3—5 月间，收入 1936 年 8 月上海生活出版社出版的《商市街》。

《一个南方的姑娘》（散文）

创作于 1935 年 3—5 月间，收入 1936 年 8 月上海生活出版社出版的《商市街》。

《生人》（散文）

创作于 1935 年 3—5 月间，收入 1936 年 8 月上海生活出版社出版的《商市街》。

《又是春天》（散文）

创作于 1935 年 3—5 月间，收入 1936 年 8 月上海生活出版社出版的《商市街》。

《患病》（散文）

创作于 1935 年 3—5 月间，收入 1936 年 8 月上海生活出版社出版的《商市街》。

《十三天》（散文）

创作于 1935 年 3—5 月间，作为“随笔两篇”之一，首刊于 1936 年 8 月 1 日《文季月刊》第一卷第三期，署名悄吟。收入 1936 年 8 月上海生活出版社出版的《商市街》。

《拍卖家具》（散文）

创作于 1935 年 5 月，收入 1936 年 8 月上海生活出版社出版的

《商市街》。

《最后的一个星期》(散文)

创作于1935年5月15日，作为“随笔两篇”(之二)首刊于1936年8月1日《文季月刊》(上海)第一卷第三期，署名悄吟。收入1936年8月上海生活出版社出版的《商市街》。

《三个无聊人》(散文)

创作于1935年6月12日，首刊于1935年8月5日《太白》(上海)第二卷第十期。收入1936年11月文化生活出版社(上海)出版的《桥》(短篇小说、散文集)，署名悄吟。收入1940年6月大时代书局(重庆)出版的《萧红散文》。

《祖父死了的时候》(散文)

创作日期不详，首刊于1935年7月28日《大同报·大同俱乐部》(长春)，署名悄吟。

《初冬》(散文)

创作于1935年初冬，首刊于1936年1月5日《生活知识》(上海)第一卷第七期，署名萧红。收入1936年11月文化生活出版社(上海)出版的《桥》，署名悄吟。收入1940年6月大时代书局(重庆)出版的《萧红散文》。

1936年

《访问》(散文)

创作于1936年1月7日，首刊于1936年1月19日《海燕》(上海)第一期，署名萧红。收入1936年11月文化生活出版社(上海)

出版的《桥》，署名悄吟。收入1940年6月大时代书局（重庆）出版的《萧红散文》。

《手》（短篇小说）

创作于1936年3月，首刊于1936年4月15日《作家》（上海）第一卷第一号，署名萧红。收入1936年11月文化生活出版社（上海）出版的《桥》。

《索非亚的愁苦》（散文）

创作日期不详，首刊于1936年4月10日《大公报·文艺》（上海）第一二五期，署名萧红。收入1936年11月文化生活出版社（上海）出版的《桥》。收入1940年6月大时代书局（重庆）出版的《萧红散文》。

《马房之夜》（短篇小说）

创作于1936年5月6日，首刊于1936年5月15日《作家》（上海）第一卷第二号，署名萧红。

《苦杯》（组诗）

该组诗共11首，约创作于1936年7月去日本之前，生前未公开发表，收入作者自编诗稿中，首刊于1980年10月"中国现代文学研究丛刊"第三辑《萧红自集诗稿》。

《孤独的生活》（散文）

创作于1936年8月9日，首刊于1936年9月5日《中流》（上海）第一卷第一期，署名悄吟。收入1937年5月文化生活出版社（上海）出版的《牛车上》。

《异国》（诗歌）

创作于 1936 年 8 月 14 日（致萧军书信：1936 年 8 月 14 日），生前未公开发表，收入黑龙江人民出版社 1981 年 1 月出版的《萧红书简辑存注释录》。

《商市街》（散文集）

创作于 1935 年 3—5 月间，1936 年 8 月作为巴金主编的“文学丛刊”第二集第十二册，由文化生活出版社（上海）出版，署名悄吟。内收散文 41 篇：《欧罗巴旅馆》《雪天》《他去追求职业》《家庭教师》《来客》《提篮者》《饿》《搬家》《最末的一块木柈》《黑列巴和白盐》《度日》《飞雪》《他的上唇挂霜了》《当铺》《借》《买皮帽》《广告员的梦想》《新识》《“牵牛房”》《十元钞票》《同命运的小鱼》《几个欢快的日子》《女教师》《春意挂上了树梢》《小偷、车夫和老头》《公园》《夏夜》《家庭教师是强盗》《册子》《剧团》《白面孔》《又是冬天》《门前的黑影》《决意》《一个南方的姑娘》《生人》《又是春天》《患病》《十三天》《拍卖家具》《最后的一个星期》，后附郎华（萧军）的《读后记》。

《红的果园》（短篇小说）

创作于 1936 年 9 月初，首刊于 1936 年 9 月 15 日《作家》（上海）第一卷第六号，署名萧红。收入 1937 年 5 月文化生活出版社（上海）出版的《牛车上》。

《家族以外的人》（短篇小说）

创作于 1936 年 9 月 4 日，首刊于 1936 年 10 月 15 日、11 月 15 日《作家》（上海）第二卷第一号、第二号，署名萧红。收入 1937 年 5 月文化生活出版社（上海）出版的《牛车上》。

《长白山的血迹》（散文）

创作日期不详，首刊于1936年9月18日《大沪晚报》（上海）第三版，署名萧红。

《王四的故事》（短篇小说）

创作于1936年，首刊于1936年9月20日《中流》（上海）第一卷第二期，署名萧红。收入1937年5月文化生活出版社（上海）出版的《牛车上》。

《牛车上》（短篇小说）

创作日期不详，首刊于1936年10月1日《文季月刊》（上海）第一卷第五期，署名萧红。收入1937年5月文化生活出版社（上海）出版的《牛车上》。

《海外的悲悼》（书信）

1936年10月24日致萧军，首刊于1936年11月5日《中流》（上海）第一卷第五期，署名萧红。

《女子装饰的心理》（散文）

创作日期不详，首刊于1936年10月29—30日《大沪晚报》（上海）第七版，署名萧红。

《亚丽》（短篇小说）

创作日期不详，首刊于1936年11月16日《大沪晚报》（上海）第三版，署名萧红。

《感情的碎片》（散文）

创作日期不详，首刊于1936年11月29日《大公报·文艺》（上海）第二五七期，署名萧红。

《桥》（短篇小说）

创作于1936年。收入1936年11月文化生活出版社（上海）出版的《桥》。

《桥》（短篇小说、散文集）

作为巴金主编的“文学丛刊”第三集第十二册，1936年11月由文化生活出版社（上海）出版，署名悄吟。内收小说、散文13篇：《小六》《烦扰的一日》《桥》《夏夜》《过夜》《破落之街》《访问》《离去》《索非亚的愁苦》《蹲在洋车上》《初冬》《三个无聊人》《手》。

《永远的憧憬和追求》（散文）

创作于1936年12月12日，首刊于1937年1月10日《报告》（上海）第一卷第一期，署名萧红。

1937年

《沙粒》（组诗）

该组诗共37首，创作完成于1937年1月3日，其中3首生前未公开发表。另34首，首刊于1937年3月15日《文丛》（上海）第一卷第一期，署名悄吟。后收入1937年《好文章》第七期。组诗中36首收入作者自编诗稿中，该自编诗稿首刊于1980年10月“中国现代文学研究丛刊”第三辑。其中的《沙粒》与《文丛》公开发表的《沙粒》部分词句稍有不同。

《拜墓》（诗歌）

创作于1937年3月8日，首刊于1937年4月23日《大公报·文艺》（上海）第三二七期，署名萧红。收入作者自编诗稿中。

《两朋友》（短篇小说）

创作日期不详，首刊于1937年5月10日《新少年》（上海）第三卷第九期，署名悄吟。

《牛车上》（短篇小说集）

作为巴金主编的“文学丛刊”第五集第五册，1937年5月由文化生活出版社（上海）出版，署名萧红。内收短篇小说4篇、散文1篇：《牛车上》《家族以外的人》《红的果园》《王四的故事》《孤独的生活》。

《一粒土泥》（诗歌）

创作于1937年6月20日，收入1937年8月1日夜哨丛书出版社（上海）出版的《兴安岭的风雪》附录中。

《来信》（书信）

摘编自1937年7月19日北京友人李洁吾的来信，首刊于1937年8月5日《中流》第二卷第十期，署名萧红。

《天空的点缀》（散文）

创作于1937年8月14日，首刊于1937年9月11日《七月》（上海）第一期，署名萧红。该篇后刊于1937年10月16日《七月》（武汉）第一集第一期。

《失眠之夜》（散文）

创作于1937年8月22日，首刊于1937年9月18日《七月》（上海）第二期，署名萧红。该篇后刊于1937年10月16日《七月》（武汉）第一集第一期。

《窗边》（散文）

创作于1937年8月17日，首刊于1937年9月25日《七月》（上海）第三期，署名萧红。

《在东京》（散文）

创作于1937年8月，首刊于1937年10月16日《七月》（武汉）第一集第一期，署名萧红。收入1940年6月大时代书局（重庆）出版的《萧红散文》时，改篇名为《鲁迅先生记（二）》。

《逝者已矣！》（散文）

创作于1937年10月17日，首刊于1937年10月20日《大公报》（汉口）第二十九号，署名萧红。

《万年青》（散文）

创作日期不详，首刊于1937年10月18日《战斗旬刊》（武汉）第一卷第四期“鲁迅先生周年祭特辑”，署名萧红。收入1940年6月大时代书局（重庆）出版的《萧红散文》时，改篇名为《鲁迅先生记（一）》。

《小生命和战士》（散文）

创作于1937年10月22日，与《窗边》另题为《火线（外二章）》，刊于1937年11月1日《七月》（武汉）第一集第二期，署名萧红。

《火线（外二章）》（散文）

该篇包括《窗边》和《小生命和战士》，刊于1937年11月1日《七月》（武汉）第一集第二期，署名萧红。

《一条铁路的完成》（散文）

创作于1937年11月27日，首刊于1937年12月1日《七月》（武汉）第一卷第四期，署名萧红。收入1940年6月大时代书局（重庆）出版的《萧红散文》。

《一九二九年底愚昧》（散文）

创作于 1937 年 12 月 13 日，首刊于 1937 年 12 月 16 日《七月》（武汉）第一卷第五期，署名萧红。

1938 年

《〈大地的女儿〉与〈动乱时代〉》（书评）

创作于 1938 年 1 月 3 日，首刊于 1938 年 1 月 16 日《七月》（武汉）第二集第二期，署名萧红。

《记鹿地夫妇》（散文）

创作于 1938 年 2 月 20 日，首刊于 1938 年 5 月 1 日《文艺阵地》（武汉）第一卷第二期，署名萧红。

《突击》（剧本）

三幕剧，与塞克、端木蕻良、聂绀弩等共同创作于 1938 年 3 月初，由塞克整理完成，首刊于 1938 年 4 月 1 日《七月》（武汉）第二集第十期，署名萧红、塞克、端木蕻良、聂绀弩。

《无题》（散文）

创作于 1938 年 5 月 15 日，首刊于 1938 年 5 月 17 日《七月》（武汉）第三集第二期，署名萧红。

《黄河》（短篇小说）

创作于 1938 年 8 月 6 日，首刊于 1939 年 2 月 1 日《文艺阵地》（汉口）第二卷第八期，署名萧红。收入 1940 年 3 月上海杂志公司（重庆）出版的《旷野的呼喊》。

《汾河的圆月》（短篇小说）

创作于1938年8月20日，首刊于1938年8月26日《大公报·战线》（汉口）第一七七期，署名萧红。

《寄东北流亡者》（散文）

创作日期不详，首刊于1938年9月18日《大公报·战线》（汉口）第一九一期，署名萧红。

《孩子的演讲》（短篇小说）

创作于1938年10月，收入1940年3月上海杂志公司（重庆）出版的《旷野的呼喊》。

《朦胧的期待》（短篇小说）

创作于1938年10月31日，首刊于1938年11月18日《文摘·战时旬刊》第三十六期，署名萧红。收入1940年3月上海杂志公司（重庆）出版的《旷野的呼喊》。

《我之读世界语》（散文）

创作日期不详，首刊于1938年12月29日《新华日报》（重庆）副刊，署名萧红。

1939年

《牙粉医病法》（散文）

创作于1939年1月9日，收入1940年6月大时代书局（重庆）出版的《萧红散文》。

《逃难》（短篇小说）

创作日期不详，首刊于1939年1月21日《文摘·战时旬刊》（重庆）第四十一期至四十二期合刊，署名萧红。收入1940年3月上海杂志公司（重庆）出版的《旷野的呼喊》。

《旷野的呼喊》（短篇小说）

创作于1939年1月30日，首刊于1939年4月17日—5月7日《星岛日报·星座》（香港）第二五二号至二七二号，署名萧红。收入1940年3月上海杂志公司（重庆）出版的《旷野的呼喊》。

《滑竿》（散文）

创作于1939年春，收入1940年6月大时代书局（重庆）出版的《萧红散文》。

《林小二》（散文）

创作于1939年春，收入1940年6月大时代书局（重庆）出版的《萧红散文》。

《离乱中的作家书简》（书信）

写于1939年3月14日（致许广平信），首刊于1939年4月5日《鲁迅风》（上海）第十二期，署名萧红。

《长安寺》（散文）

创作于1939年4月，首刊于1939年9月5日《鲁迅风》（上海）第十九期，署名萧红。收入1940年6月大时代书局（重庆）出版的《萧红散文》。再刊于1940年8月1日《天地间》（上海）第二期。

《莲花池》（短篇小说）

创作于1939年5月16日，首刊于1939年9月16日《妇女生活》（重庆）第八卷第一期，署名萧红。收入1940年3月上海杂志公司（重庆）出版的《旷野的呼喊》。

《放火者》（散文）

创作于 1939 年 6 月 9 日，首刊于 1939 年 7 月 11 日《文摘·战时旬刊》第五十一期至五十三期合刊，署名萧红。后以《轰炸前后》为篇名，刊于 1939 年 8 月 20 日《鲁迅风》第十八期，署名萧红。收入 1940 年 6 月大时代书局（重庆）出版的《萧红散文》。

《山下》（短篇小说）

创作于 1939 年 7 月 20 日，首刊于 1940 年第一号《天下好文章》。收入 1940 年 3 月上海杂志公司（重庆）出版的《旷野的呼喊》。

《梧桐》（短篇小说）

创作于 1939 年 7 月 24 日，首刊于 1939 年 8 月 18 日《星岛日报·星座》（香港）第三七五号，署名萧红。

《花狗》（短篇小说）

创作日期不详，首刊于 1939 年 8 月 5 日《星岛日报·星座》（香港）第三七一号，署名萧红。

《茶食店》（散文）

创作于 1939 年 8 月 28 日，首刊于 1939 年 10 月 2 日《星岛日报·星座》第四一九号，署名萧红。

《鲁迅先生生活散记——为鲁迅先生三周年祭而作》（散文）

创作于 1939 年 9 月 22 日，首刊于 1939 年 10 月 1 日《中苏文化》（重庆）第四卷第三期，署名萧红。再刊于 1939 年 10 月 14—28 日《星洲日报·晨星》（新加坡）。又刊于 1939 年 11 月 1 日《文艺阵地》（武汉）第四卷第二期。

《记忆中的鲁迅先生》（散文）

创作日期不详，首刊于 1939 年 10 月 18—28 日《星岛日报·星座》

（香港）第四二七号至四三二号，署名萧红。后以《鲁迅先生生活忆略》为题，再刊于 1939 年 12 月《文学集林》第二辑《望——》。

《记我们的导师——鲁迅先生生活的片段》（散文）

该篇在《鲁迅先生生活散记》基础上改写，首刊于 1939 年 10 月 20 日《中学生》（重庆）战时半月刊第十期，署名萧红。

1940 年

《旷野的呼喊》（短篇小说集）

作为郑伯奇主编的“每月文库”，1940 年 3 月由上海杂志公司（重庆）出版，署名萧红。该集收入短篇小说 7 篇:《黄河》《朦胧的期待》《旷野的呼喊》《逃难》《山下》《莲花池》《孩子的讲演》。1946 年 5 月，上海杂志公司再版时，删去《黄河》。

《后花园》（短篇小说）

创作于 1940 年 4 月，首刊于 1940 年 4 月 10—25 日《大公报·文艺》（香港）第八一四期至八二四期、《大公报·学生界》（香港）一一七期至一一九期，署名萧红。1940 年 9—10 月，该篇再刊于《中学生》（桂林）战时半月刊第三十一期至三十二期。

《〈大地的女儿〉——史沫特烈作》（散文）

创作于 1940 年 6 月 28 日，首刊于 1940 年 6 月 30 日《大公报·文艺综合》（香港）第八七一期，署名萧红。

《萧红散文》（散文选集）

作为“大时代文艺丛书”之一，1940 年 6 月由大时代书局（重庆）出版，内收散文 17 篇:《一天》《皮球》《三个无聊人》《搬家》《黑夜》《初冬》《索非亚的愁苦》《访问》《夏夜》《鲁迅先生记（一）》《鲁迅先生记（二）》《一条铁路的完成》《牙粉医病法》《滑竿》《林小二》《放火者》《长安寺》。

《民族魂鲁迅》（哑剧剧本）

创作于 1940 年 7 月，首刊于 1940 年 10 月 21—31 日《大公报·文艺》（香港）第九五二期至九五九期、《大公报·学生界》（香港）第二三六期至二三八期。署名萧红。

《回忆鲁迅先生》（散文）

1940 年 7 月，妇女生活社（重庆）出版，署名萧红。该书《后记》为端木蕻良作，附录收许寿裳的《鲁迅的生活》和景宋（许广平）的《鲁迅和青年们》。

《呼兰河传》（长篇小说）

创作完成于 1940 年 12 月 20 日，首刊于 1940 年 9 月 1 日—12 月 27 日《星岛日报·星座》（香港）第六九三号至八一〇号，署名萧红。1941 年 5 月 30 日，上海杂志公司（桂林）出版。

1941 年

《马伯乐（第一部）》（长篇小说）

创作日期不详，收入 1941 年 1 月由大时代书局（香港）出版的“大时代文艺丛书”，署名萧红。

《马伯乐（第二部）》（长篇小说）

创作日期不详，首刊于 1941 年 2 月 1 日—11 月 1 日《时代批评》（香港）第六十四期至八十二期，署名萧红。该篇因萧红病重未能完稿，连载到第九章结束，全文未完。1981 年 9 月，黑龙江人民出版社将《马伯乐》第一部、第二部合并出版。

《北中国》（短篇小说）

创作于 1941 年 3 月 26 日，首刊于 1941 年 4 月 13—29 日《星岛日报·星座》（香港）第九〇一号至九一七号，署名萧红。

《骨架与灵魂》（散文）

创作日期不详，首刊于 1941 年 5 月 5 日《大公报·灯塔》（香港），署名萧红；再刊于同日《华商报·华灯》第二十一号。

《小城三月》（短篇小说）

创作日期不详，首刊于 1941 年 7 月 1 日《时代文学》（香港）第二期，署名萧红。

《给流亡异地的东北同胞书》（散文）

该篇在《寄东北流亡者》一文基础上改写，改写日期不详，首刊于 1941 年 9 月 1 日《时代文学》（香港）第四期，署名萧红。

《“九一八”致弟弟书》（散文）

创作日期不详，首刊于 1941 年 9 月 20 日《大公报·文艺》（香港）第一一八六期，署名萧红。再刊于 1941 年 9 月 26 日《大公报》（桂林）副刊。

附录 2

萧红年表

1911 年

6 月 1 日（农历五月初五），萧红生于黑龙江省呼兰县（现哈尔滨市呼兰区）城内龙王庙路南的张家大院。乳名荣华，学名张秀环，后改名张迺莹（“迺”同“乃”）。

生父张廷举（1888—1959），字选三，黑龙江省立优级师范学堂毕业，获奖励师范科举人，中书科中书衔，先后在汤原、呼兰等地任教并担任地方教育官员。1945 年抗战胜利后参加土地改革，拥护共产党的领导，被定为开明绅士。

生母姜玉兰（1886—1919），婚后生一女三子，长女荣华（即萧红）、长子富贵（夭亡）、次子连贵（即张秀珂）、三子连富（夭亡）。

10 月 10 日，武昌起义爆发。

1914年（3岁）

大弟富贵出生。

1915年（4岁）

大弟富贵夭亡。

1916年（5岁）

二弟连贵（张秀珂）出生。

随母回娘家省亲，二姨姜玉环得知外甥女大名张秀环，坚持要父亲为其改名。

外祖父姜文选将萧红的学名改为张乃莹。

1917年（6岁）

7月9日，祖母范氏病故。其后，萧红搬到祖父房间，祖父开始口授《千家诗》。

1919年（8岁）

三弟连富出生。

8月26日（农历闰七月初二），母亲姜玉兰不幸感染霍乱，三天后病故。三弟连富被送往阿城张廷举四弟家寄养。

12月15日（农历十月十四日），张廷举续娶梁亚兰。

继母梁亚兰（1898—1972），婚后生三子（张秀玶、张秀琢、张秀琬）二女（张秀玲、张秀珑）。

1920 年（9 岁）

秋，入呼兰县乙种农业学校女生班初小一年级就读。该校俗称龙王庙小学，后改称第二十国民小学、南关小学，现为萧红小学。

1921 年（10 岁）

三弟连富感染霍乱夭亡。

1922 年（11 岁）

弟弟张秀珂入龙王庙小学初小一年级就读。

1924 年（13 岁）

夏，初小毕业。

秋，入北关初高两级小学校女生部高小一年级就读。学校位于城北二道街祖师庙院内，后曾称为道文小学、第二初高级完全小学校、胜利小学校等。不久，张廷举出任该校校长。

1925 年（14 岁）

秋，转入呼兰县第一女子初高两级小学校（即后来县立第一初高两级小学校的女生部，该校校址在今呼兰县第一中学院内），插班高小二年级。

5 月 30 日，震惊中外的“五卅惨案”发生。全国人民抗日反帝爱国的热潮风起云涌。受这股潮流影响，呼兰县中学联合会发起游行、讲演、募捐等活动，支援上海工人、学生们的斗争。萧红积极参与这一社会活动，并与同学傅秀兰一起到居住县城东南隅有钱有势的“八大家”募捐。

7月末，呼兰县学生联合会在西岗公园举行联合义演，答谢义捐民众。萧红在话剧《傲霜枝》中扮演一个贫苦的小姑娘。

1926年（15岁）

6月末，高小毕业，到哈尔滨继续上中学的愿望遭父亲、继母反对。萧红激烈抗争。

1927年（16岁）

春，因抗争无果，扬言要到天主教堂当修女，张廷举终于妥协，同意萧红继续读书。

秋，入哈尔滨的东省特别区区立第一女子中学就读，该校前身为私立从德女子中学，现名为萧红中学。

1928年（17岁）

3月15日（农历二月初五），祖父张维祯八十寿诞。

6月，张廷举出任呼兰县教育局局长。

9月中旬，张廷举转任黑龙江省教育厅秘书。

11月9日，哈尔滨市学生维持路权联合会发起反日护路游行示威活动，史称“一一·九”运动。萧红参加游行，主动担任宣传员。

1929年（18岁）

1月初，由六叔张廷献（张廷举的异母弟）保媒，萧红父将其许配给哈尔滨顾乡屯汪恩甲，两人正式订婚。半年后，萧红了解到汪恩甲的庸俗和吸食鸦片的恶习，萌生退婚之念。

6月7日（农历五月初一），祖父病故，回家奔丧。

11月17日，苏军攻占满洲里和扎兰诺尔。是月中旬，参加佩花大会进行募捐。

1930年（19岁）

4月，陆哲舜从哈尔滨法政大学退学，就读北平中国大学。

春，萧红向父亲表达初中毕业后到北平继续读高中的愿望，遭到拒绝。

夏，初中毕业。父亲和继母主张萧红与汪恩甲完婚。在同学徐淑娟等人的鼓动下，萧红准备抗婚求学。

初秋，假意同意与汪恩甲结婚从家里骗出一笔婚费，出走北平，入北平大学女子师范学院附属女子中学高中一年级就读。与陆哲舜在二龙坑西巷一小院分屋而居。家中震怒，给陆家施加压力。陆家劝说无果，切断陆哲舜的经济来源。

冬，陆哲舜向家庭妥协。

1931年（20岁）

1月中旬，回呼兰，遭软禁，精神极度痛苦，后与家庭和解。

2月下旬，返回北平。

3 月初，返回呼兰。

4 月初，随继母搬到阿城福昌号屯，开始长达 6 个月的软禁生活。

10 月 3 日夜，在姑姑和七婶帮助下，离开福昌号屯逃至阿城，旋即乘火车逃至哈尔滨。

10 月上旬，开始在哈尔滨街头流浪，生活困苦不堪，再次与汪恩甲交往。

12 月初，住进在东省特别区第二女子中学就读的堂妹张秀珉宿舍，经张秀珉、张秀琴姐妹斡旋，在该校高中一年级插班，十多天后发现自己怀孕不辞而别，与汪恩甲住进道外东兴顺旅馆。

1932 年（21 岁）

2 月 5 日，日军占领哈尔滨。

春，创作《可纪念的枫叶》《静》《偶然想起》《栽花》《春曲》等诗。

5 月中旬，汪恩甲离开东兴顺旅馆，被软禁在家。

6 月中旬，因欠旅馆食宿费 400 余元，萧红被扣为人质，旅店老板威胁要将其卖入低等妓院抵债。

7 月 9 日，向《国际协报》文艺副刊主编裴馨园发信求助。裴馨园随即带人到旅馆探访，并与友人商讨营救方案，未果。

7 月 12 日黄昏，萧军受裴馨园之托到东兴顺旅馆探访。二萧第一次相见，相互倾慕。次日，萧军再来旅馆，两人迅速陷入热恋。

8 月 7 日，松花江决堤 20 余处，整个道外区顷刻一片汪洋，街可行船。

8 月 8 日黄昏，舒群泅水前往东兴顺旅馆探望萧红。

8 月 9 日上午，搭搜救船离开东兴顺旅馆，住进裴馨园家，不久，与裴家人产生隔阂。

8 月底，在哈尔滨市公立第一医院（现哈尔滨市儿童医院）产下一名女婴，旋即送人。

9 月下旬，被接回裴家。几天后与萧军一起搬出，住进欧罗巴旅馆。

11 月中旬，二萧从欧罗巴旅馆搬出，安家于商市街 25 号。经金剑啸介绍，参加牵牛坊的活动，结识了一些新朋友。

1933 年（22 岁）

年初，在萧军鼓励下，参加《国际协报》征文，开始文学创作。

4 月 18 日，完成长篇纪实散文《弃儿》。该文连载于 5 月 6—17 日《大同报》文艺副刊《大同俱乐部》。此后，陆续创作了小说《腿上的绷带》《太太与西瓜》《看风筝》等。

7 月，参加星星剧社活动，排演《小偷》《娘姨》等剧目。

10 月 3 日，与萧军的小说、诗歌、散文合集《跋涉》自费在哈尔滨五日画报印刷社出版，引起满洲文坛注意，作者被誉为黑暗现实中两颗闪闪发亮的明星，奠定了二萧在东北文坛的地位。

10 月中旬，星星剧社解散。

12 月，《跋涉》因有“反满抗日”倾向而被查禁，二萧在哈处境日艰。年底，与萧军计划离开哈尔滨。

1934 年（23 岁）

3 月中旬，舒群来信，约二萧去青岛。

4 月 20 日—5 月 17 日，小说《麦场》（即《生死场》前两章《麦场》《菜圃》）连载于《国际协报》副刊《国际公园》。

5 月间，因病在萧军乡下友人家居住十多日调养身体。

6 月 12 日，与萧军悄然离开哈尔滨。

6 月 15 日，与萧军经大连抵达青岛。端午节后搬进观象一路 1 号。不久，舒群、倪青华夫妇搬来同住。

9 月 9 日，完成《麦场》的创作。

10 月初，二萧以萧军的名义致信鲁迅。不久，鲁迅回信，二萧备受鼓舞。

11 月 1 日，二萧与作家张梅林乘坐共同丸客轮离开青岛，次日抵达上海。与萧军住进拉都路上的一个亭子间。次日，给鲁迅去信。

11 月 4 日，得鲁迅回信，从此开始与鲁迅先生的书信往来。

11 月 30 日，二萧与鲁迅全家在一家白俄咖啡馆见面。

12 月 19 日，二萧赴鲁迅夫妇的宴请，结识茅盾、叶紫、聂绀弩夫妇等人。

1935 年（24 岁）

3 月 5 日，在鲁迅推荐下，小说《小六》发表于《太白》第一卷第十二期。

3 月中旬，开始写作《商市街》系列散文。

5 月 15 日，完成系列散文《商市街》。

6 月 1 日，散文《饿》在《文学》第四卷第六号上发表。

6 月中旬，搬到萨坡赛路 190 号唐豪律师家。

10 月，因《麦场》公开出版无望，决定自费印行。《麦场》改名为《生死场》。

11 月 6 日，与萧军第一次赴鲁迅家宴。

11 月 14 日，鲁迅为《生死场》作序。

12 月中，《生死场》作为“奴隶丛书”之三假托荣光书局自费印行，作者署名萧红。该书收鲁迅《序》、胡风《读后记》。

1936 年（25 岁）

1 月 19 日，与萧军、聂绀弩等人共同编辑的《海燕》创刊，当日售完 2000 册，鲁迅夫妇携海婴在梁园设宴庆贺。《海燕》创刊号载萧红散文《访问》。

3 月 1 日，散文《广告员的梦想》载《中学生》第六十三期。此后，《同命运的小鱼》《春意挂上了树梢》《公园》《夏夜》等多篇散文先后在《中学生》杂志发表。

3 月中旬，与萧军搬至北四川路永乐坊。

3 月 23 日午后，在鲁迅先生家结识美国作家史沫特莱。

4 月 15 日，《作家》创刊号载萧红小说《手》。

春，陈涓回上海，萧军与其产生情感纠葛，萧红受到巨大伤害。

5 月 16 日，鲁迅病重。月底，连续多日前往鲁寓。

6 月 15 日，在鲁迅、茅盾、巴金等 67 位作家联合署名发表的《中国文艺工作者宣言》上签名。

7月中，决定东渡日本一年，并期待与在日本留学的弟弟张秀珂会面。

7月15日晚，鲁迅夫妇设家宴为萧红饯行。

7月16日，黄源设宴为萧红饯行，饭后与萧军、黄源到照相馆拍合影一张。

7月17日，乘船赴日。

7月21日，抵达东京，在黄源夫人许粤华的帮助下，开始旅日生活。

7月26日，给萧军去信，告知弟弟张秀珂已于7月16日回国。

8月中旬，散文集《商市街》作为由巴金主编的“文学丛刊”第二集第十二册，由上海文化生活出版社出版，内收散文41篇。

9月初，为《大沪晚报》写作纪念“九一八”的散文《长白山的血迹》。

9月12日晨，遭日本便衣警察盘查。

9月14日，进入东亚补习学校学习日语。

9月中，散文集《商市街》再版。

10月19日，鲁迅病逝，三日后，萧红获悉噩耗，极度哀伤。后致萧军信（10月24日）以“海外的悲悼”为题载《中流》第一卷第五期。

11月，散文集《桥》作为巴金主编的“文学丛刊”第三集第十二册，由上海文化生活出版社出版。

1937年（26岁）

1月9日，接萧军信，中断在日本的日语学习和创作，乘秩父丸号客轮回国。1 月 13 日，回到上海，住在法租界吕班路。

3 月 15 日，组诗《沙粒》载《文丛》第一卷第一期，将与萧军间的情感危机公之于众。

4 月间，与萧军关系恶化，离家出走到一家犹太人开办的寄宿画院准备学画，旋即，被萧军找回。

4 月 23 日夜，离开上海到北平访友、散心。在北平期间与李洁吾、舒群有较多接触。

5 月中旬，短篇小说集《牛车上》由上海文化生活出版社出版，为巴金主编“文学丛刊”第五集第五册。

5 月下旬，返回上海。参加《鲁迅先生纪念集》的资料搜集和整理工作。与萧军关系持续恶化中。

7 月 7 日，卢沟桥事变爆发，中国开始全面抗战。19 日收到北平李洁吾的来信，通告事变后北平现状。后将来信发表于《中流》第二卷第十期。

8 月 13 日，淞沪抗战爆发，不避危险鼎力帮助日本友人鹿地亘、池田幸子夫妇。

8 月底，胡风出面邀请萧红、萧军、曹白、艾青、彭柏山、端木蕻良等作家商议筹办新的文学杂志。萧红提议将即将创刊的新杂志命名为《七月》，得到大家赞同。此次集会上，与端木蕻良第一次见面。

10 月，二萧离开上海抵达汉口，通过于浣非结识诗人蒋锡金，旋即搬进蒋锡金位于武昌水陆前街小金龙巷 21 号的住处。

10 月中旬，写回忆鲁迅的散文《万年青》《逝者已矣！》。

《万年青》载武汉《战斗旬刊》第一卷第四期“鲁迅先生周年祭特辑”，该文后改篇名《鲁迅先生记（一）》收入重庆大时代书局出版的《萧红散文》;《逝者已矣！》载10月20日汉口《大公报·战线》第二十九号。

10月下旬，端木蕻良应胡风、萧军之邀前来武汉，随后也搬进小金龙巷与二萧住在一起。

开始创作长篇小说《呼兰河传》。

12月10日，与萧军、端木蕻良突遭当局逮捕。次日，在胡风托人斡旋下，三人获释。

年底，二萧搬进冯乃超位于武昌紫阳湖畔寓所。

1938年（27岁）

1月16日下午，参加《七月》座谈会，题为“抗战以来的文艺活动动态与展望”，萧红表达了自己关于抗战文艺的见解。同日，书评《〈大地的女儿〉与〈动乱时代〉》载《七月》第二卷第二期。

1月27日，与萧军、聂绀弩、艾青、田间、端木蕻良等人离开武汉，前往山西临汾民族革命大学任教。

2月6日，抵达临汾，与丁玲率领的西北战地服务团相遇，结识丁玲，并建立深厚友谊。

2月间，日军逼近临汾。下旬，随西北战地服务团转移运城，萧军执意留下打游击，二人在临汾分手。

3月初，抵达西安，住进八路军驻西安办事处。与塞克、端木蕻良、聂绀弩等人共同创作三幕话剧剧本《突击》。发现自己怀孕，想找医生堕胎未果。

3 月 16 日,《突击》在西安隆重公演，一连三天七场，场场爆满，轰动西安城。萧红与其他主创人员受到周恩来等领导人的接见。

4 月初，萧军随丁玲、聂绀弩来到八路军驻西安办事处。向萧军正式提出分手，其后明确与端木蕻良的恋爱关系。

4 月下旬，与端木蕻良一起回到武汉，再次入住小金龙巷。

4 月 29 日下午，出席由胡风召集的文艺座谈会，题目是“现时文艺活动与《七月》”。会上，直率地表达了自己的创作观。

5 月下旬，与端木蕻良在汉口大同酒家举行婚礼，胡风、艾青、池田幸子等人出席。

8 月上旬，因武汉形势危急，端木蕻良离开武汉前往重庆。

8 月 11 日前后，搬至位于汉口三教街的中华全国文艺界抗敌协会总部，与孔罗荪、蒋锡金等人住在一起，等候买船票入川。

9 月中旬，与冯乃超夫人李声韵结伴去重庆。行至宜昌李声韵不幸大咯血，萧红手足无措，幸得同船《武汉日报》副刊《鹦鹉洲》编辑段公爽帮助，将她送进当地医院。两天后，一个人到达重庆。

11 月，在江津一家私立小妇产医院产下一名男婴。产后第四天，平静告知白朗孩子头天夜里抽风而死。几天后，离开江津返回重庆。

12 月，与池田幸子、绿川英子共住在米花街小胡同池田寓所。

12 月 22 日，在塔斯社重庆分社，接受苏联记者罗果夫的采访。

1939 年（28 岁）

春，蛰居歌乐山潜心创作，完成了散文《滑竿》《林小二》《长安寺》，短篇小说《山下》《莲花池》等作品。

4月5日，致许广平信（3月14日）以“离乱中的作家书简”为题，载《鲁迅风》第十二期。

4月17日—5月7日，香港《星岛日报》副刊《星座》连载小说《旷野的呼喊》。

5月间，与端木蕻良搬至嘉陵江畔的黄桷树镇，住进复旦大学苗圃。

9月22日，整理完成《鲁迅先生生活散记——为鲁迅先生三周年祭而作》，后载《中苏文化》第四卷第三期。此后，发表多篇回忆鲁迅的散文。

10月下旬，将整理好的有关回忆鲁迅的文字结集为一本小册子，取名《回忆鲁迅先生》。

秋，与端木蕻良搬进名叫秉庄的一座二层小楼。

11月，与端木应邀参加苏联大使馆在枇杷山举行的十月革命纪念日的庆祝活动。

12月中旬，重庆北碚不断遭到轰炸，因不能忍受惊扰，与端木蕻良商量离开重庆，参考友人华岗的意见，最终决定前往香港。

1940年（29岁）

1月17日，与端木蕻良离开重庆，乘飞机抵达香港，入住九龙尖沙咀金巴利道纳士佛台3号。

2月5日，文协香港分会在大东酒店举行全体会员聚餐会，热烈欢迎萧红、端木蕻良来港。次日，《立报》报道了该欢迎会的消息。

3月3日晚，参加在坚道养中女子中学举行的座谈会，讨论题目是：“女学生与三八妇女节”。

3月，短篇小说集《旷野的呼喊》由上海杂志公司出版，列入郑伯奇主编的“每月文库”第一辑之十。

4月，以中华全国文艺界抗敌协会会员身份，登记成为文协香港分会会员。

5月11日，与端木蕻良应岭南大学艺文社之邀参加该校学生组织的文艺座谈会。

5月12日，与端木蕻良一起参加由香港文协与中国文化协进会共同举办的黄自纪念音乐欣赏会。

6月，《萧红散文》由重庆大时代书局出版。

6月24日，给华岗去信，关心其现状。此后1个月内，与华岗书信往来频繁。

7月，《回忆鲁迅先生》由重庆妇女生活社出版。

8月3日下午3时，香港各界人士举办的纪念鲁迅先生六十生诞纪念会在加路连山孔圣堂举行。会上，萧红报告鲁迅先生生平事迹。晚上，在孔圣堂举行晚会，上演萧红编写的哑剧《民族魂鲁迅》。

9月1日，《呼兰河传》开始在《星岛日报》副刊《星座》连载，12月20日《呼兰河传》完稿，至12月27日连载完毕。

1941年（30岁）

1月，《马伯乐》第一部由大时代书局出版，5个月后再版。

2月1日，长篇小说《马伯乐》第二部在香港《时代批评》杂志第六十四期开始连载。

2 月初，与端木蕻良搬家至九龙乐道 8 号二楼。

2 月 17 日，文协香港分会等文化团体，在思豪酒店举办茶会欢迎史沫特莱、夏衍、范长江等人来港。茶会由萧红主持，史沫特莱发表演讲。

3 月初，史沫特莱前来乐道 8 号看望。见萧红居住环境恶劣，执意邀请她到林荫台别墅与自己同住，两人共度了近一个月的时光。从林荫台回来，听说茅盾来港，与史沫特莱一起前往拜访，想劝说茅盾夫妇一同前往新加坡，遭婉拒。

5 月初，史沫特莱返回美国，行前带走了萧红、端木蕻良的一些作品，准备在美国发表。萧红托其将一册《生死场》代送给美国作家辛克莱。

5 月 30 日，《呼兰河传》单行本作为“每月文库”第二辑之六，由桂林上海杂志公司出版。

6 月 4 日，收到辛克莱回赠的书和表示感谢的电报回信。

7 月 1 日，小说《小城三月》载《时代文学》第二期。

7 月间，常常失眠，咳嗽加剧，再次住进玛丽医院。

8 月 4 日，与端木蕻良应邀去香港大学讲学。当天下午，二人接到许地山病逝的消息。

9 月中旬，美国女作家海伦·福斯特与他人合作将萧红《马房之夜》译出，发表在自己主编的《亚细亚》月刊 9 月号上。萧红、于毅夫、端木蕻良、周鲸文等 374 人在《旅港东北人士“九一八”十周年宣言》上签名。

11 月初，出院回家，茅盾、巴人、杨刚、骆宾基、胡风等友人先后前来探望。

11月上旬，诗人柳亚子前来拜访端木蕻良，与萧红相识。

11月中旬，再次住进玛丽医院。因不满医生护士的冷遇，急于出院。

11月下旬，于毅夫前来看望，萧红向其倾诉内心苦楚，于毅夫在没有办理出院手续的情况下将其接回。

12月8日，日军偷袭珍珠港，对英美宣战，进攻九龙。柳亚子前来看望，骆宾基于电话中向端木蕻良辞行，在端木蕻良的挽留下，应允留下帮助照料萧红。是夜，从九龙转移至香港岛。

12月9日，住进思豪大酒店。

12月18日，被迫转移至周鲸文家，后又转移到告罗士打酒店。在日军占领酒店前，端木蕻良、骆宾基又将萧红转移出来，曾在何镜吾家落过脚，最后安置在中环一家裁缝铺里。

12月24日，转至斯丹利街时代书店的书库安顿下来。

12月25日，香港沦陷。

1942年（31岁）

1月12日，住进养和医院，次日手术，术后发现医生误诊。

1月18日中午，转至玛丽医院。下午2时，安装了喉口呼吸铜管。因没有气流经过声带，不能说话。

1月19日夜12时，写下“我将与蓝天碧水永处，留得那半部‘红楼’给别人写了……半生尽遭白眼冷遇，身先死，不甘、不甘！”

1月22日晨，玛丽医院被日军接管，病人一律赶出。萧红被转至一家法国医院。其后，法国医院亦被军管。随即又被送至法国医生在圣士提反女校设立的临时救护站。上午6时陷于深度昏迷。

1月22日上午10时，在法国医院设在圣士提反女校的临时救护站逝世。

1月24日，遗体在香港跑马地背后的日本火葬场火化。

1月25日黄昏，部分骨灰安葬在浅水湾丽都酒店前花坛里（1957年8月15日，迁葬广州银河公墓）。

1月26日，剩余骨灰安葬在圣士提反女校后院土山坡下。

后记

第一次读到萧红的作品，是在念中学的时候。那时，最让我震撼的是《生死场》，记得读完全书后，年少无知的我在日记里写道："生，死。这是我在有生的16年岁月里从来不敢去轻易触碰的字眼，可是在生死场中的人，生生死死，是多么的卑微，经不起半点波澜……"

而今我21岁。在萧红孤身一人落难哈尔滨的年纪，我依旧徜徉在宁静美好的大学校园里，读着她的书，欣赏着她的绝世文才。

萧红写完《生死场》的时候是23岁，和那位喊着"出名要趁早"的才女张爱玲一样，在23岁的青春年华，凭着成熟的笔力扬名上海滩。只不过，张爱玲是在精心经营她的才华，而萧红的文字更像是蓄积后的自然喷发。

张爱玲是个聪明的女人，她敏锐地抓住了俗世男女内心深处的幽微曲折，带着几分轻蔑和冷傲，用她特有的张氏传奇嘲弄着她的读者。而萧红是个“痴丫头”，她不擅长把握个体的人性，却对她脚下的土地，她所处的时代，以及她身边的人群怀有深厚的悲悯；因为见证和亲历了太多的苦难，所以她要写，她越轨的笔致中也自有这份根植于土地、历史与人民的厚重和深沉。张爱玲算计太过，尽管才气不减当年，但最好的作品也只停留在了23岁时写下的《倾城之恋》和《金锁记》。而萧红的才情在岁月的打磨中愈炼愈醇和,《生死场》脱稿六年以后，她的《呼兰河传》又攀上了新的高峰。

1941年8月，萧红曾抱病在香港大学演讲。彼时张爱玲正是港大的学生，不知她是否来听过萧红的演讲，倘若她听到萧红的创作观点，不知又会作何感想。昔日的因缘际会我们无从得知，但可以肯定的是，尽管这两位才女在同样的年纪早早出名，但她们终究不太一样。张爱玲始终沉浸在自己的女性角色里，其写作风格也体现着浓郁的女性优势。萧红呢？随着文名的高涨，她越来越不甘心做一个女人，因为“女性的天空是低的，羽翼是稀薄的，而身边的累赘又是笨重的”。在临终前，她甚至说：“我一生最大的痛苦和不幸，都是因为我是个女人。”

这句话很无奈，却也很真实。

骆宾基曾说，萧红并非死于肺病，“实际肺已结疤（钙化），验痰无菌”。事实上，直接导致她死亡的原因是战乱和误诊，而误诊也是因为在战乱中没有更好的医院可以治疗。萧红的身体确实太差，大约从1936年起，她就断断续续地被各种病症折磨。然而倘若她没有经历过香港沦陷前的炮火和香港沦陷后的混乱，或许她不至于死得那样早。

她一直在寻找一个安宁和平的环境，希望能够不受干扰地安心创作。然而在战争最艰苦的年月，哪里会存在一方长久和平的净土呢?

其实萧红最稳妥的选择应该是和丁玲一起去延安，但延安也恰恰是她最不能去的地方。因为萧军在那里。她连看到萧军和王德芬的照片都会心痛，何况是在现实生活里抬头不见低头见呢?

说到底，萧红是因爱而死。这一生，她都活得太用心、太真诚、太执着。在感情上，她始终是一个天真无邪的女子，把爱储藏在自己的小盒子里，以为现在多储存一分，将来就多一分可以享用。殊不知，在大多数人都颠沛流离、居无定所的年代，没有什么事情是能够真正长久的，缘分和感情亦是一样。她爱的人，偏偏就是伤害她的人，她一生中最爱的男人，偏偏也就是伤害她最深的男人。爱得越深，受伤也就越深。

从异乡奔到异乡，
这愿望多么渺茫，
而况送着我的是海上的波浪，
迎接着我的是乡村的风霜。

萧红从日本归国时写下的这首短诗（《沙粒》三十一），恰恰是她的人生最好的注解。

在写作这本书的过程中，我常常会感到由衷的难过和不忍，有时甚至会落下泪来。印象里的萧红，永远是齐眉的刘海，两条孩子气的粗粗的发辫，一双乌亮的大眼睛，白皙的面庞，爱说爱笑爱闹，爱穿红色的衣服，走起路来轻快灵动……她的生命太美了，她的才情太美了，然而天妒英才，她所遭遇的坎坷实在太多。在她苦难的黄金十年里，她成长、挣扎，却最终枯萎、凋零。

一座城市的倾覆，成就了张才女的一篇旷世佳作。而萧红的一生，不知经历过多少座城市的倾覆，这不仅仅是时运不济，命途多舛，亦让她的故事充满了戏剧性。——她的人生虽短暂，却足以成为一部旷世传奇。

这部传奇以萧红为主角，而故事中的那些人，萧军、舒群、罗烽、白朗、鲁迅、许广平、茅盾、胡风、梅志、聂绀弩、叶紫、端木蕻良、丁玲……他们围绕在这个柔弱多情的女子身边，和她一起，共同照亮了 20 世纪 30 年代——中国现代文学的黄金时代。

于是，这部传奇便不只是人生的故事，更是历史的故事，是动荡激越大时代的进行曲，是一个伟大民族在苦难中展现出的勃勃生机。

斯人已去，斯事已远。我所写下的只是我理解的萧红，而我相信，每一位热爱萧红的读者，对她的人生传奇都会有不一样的感悟和解读。

斯人已去，斯事已远。但萧红和她的作品永远属于读者，永远活在读者的心中。正如人世的真善美，永不消逝。

最后，在本书的结尾，请允许我向始终关心我的父母、师长和亲友，献上我最衷心的感谢。

愿我们每个人都能用心珍惜、好好享受属于我们的黄金时代。

图书在版编目（CIP）数据

萧红：深情至此，懂我如你 / 夏丹著 .—北京：时事出版社，2017.1
ISBN 978-7-5195-0043-6

Ⅰ. ①萧…　Ⅱ. ①夏…　Ⅲ. ①萧红（1911-1942）-传记　Ⅳ. ① K825.6

中国版本图书馆 CIP 数据核字（2016）第 229849 号

出 版 发 行：时事出版社
地　　　址：北京市海淀区万寿寺甲 2 号
邮　　　编：100081
发 行 热 线：（010）88547590　88547591
读者服务部：（010）88547595
传　　　真：（010）88547592
电 子 邮 箱：shishichubanshe@sina.com
网　　　址：www.shishishe.com
印　　　刷：北京建泰印刷有限公司

开本：670×960　1/16　印张：17　字数：210 千字
2017 年 1 月第 1 版　2017 年 1 月第 1 次印刷
定价：29.80 元
（如有印装质量问题，请与本社发行部联系调换）